親歷歷史

丛书主编 李辉 向继东

在彭德怀身边

景希珍 丁隆炎 著

SPM
南方出版传媒
广东人民出版社
·广州·

图书在版编目（CIP）数据

在彭德怀身边/景希珍，丁隆炎著. —广州：广东人民出版社，2011.3（2019.5 重印）

（亲历历史系列）

ISBN 978-7-218-07069-8

Ⅰ. ①在… Ⅱ. ①景… ②丁… Ⅲ. ①彭德怀（1898～1974）—回忆录 Ⅳ. ①K825.2

中国版本图书馆 CIP 数据核字（2011）第 029339 号

在彭德怀身边

景希珍 丁隆炎 著

出 版 人：肖风华

责任编辑：卢雪华 曾玉寒
装帧设计：张竹媛
责任技编：周 杰 周星奎

出版发行：广东人民出版社
地 址：广州市海珠区新港西路 204 号 2 号楼（邮政编码：510300）
电 话：（020）85716809（总编室）
传 真：（020）85716872
网 址：http://www.gdpph.com
印 刷：天津画中画印刷有限公司
开 本：787mm×1092mm 1/16
印 张：9.25 **字 数**：120 千
版 次：2011 年 3 月第 1 版 2019 年 5 月第 2 次印刷
定 价：22.00 元

如发现印装质量问题，影响阅读，请与出版社（020-85716849）**联系调换。**
售书热线：（020）85716826

目录

上篇

在彭总身边：警卫参谋的回忆

（一九五〇—一九六六）

丁隆炎　执笔
景希珍　口述

1959年4月，国务院副总理兼国防部长彭德怀元帅率中国军事友好代表团访问八国。在国外时和警卫参谋景希珍在一起。

前　记

这是一篇回忆录，是讲者在不敢讲的时候讲出来的，记者在不敢记的时候记录下来的。这是一个伟大而又不幸的革命家的生活的一个方面，是真实的记录。

事情的缘起是这样的。

一九七五年秋，我同景希珍同志在一个县人武部工作。我们工作在一起，业余时间也常在一起“摆龙门阵”。我知道他跟随彭德怀同志多年，很想从他那里知道彭总的一些事情；特别是庐山会议以后的情况，对我有极大的吸引力。可是，景希珍同志怎么也不开口，他避讳这个话题，而且是很警惕地避讳着。后来，我们很熟悉了，他告诉我：“我不讲彭某的事情，不是怕自己如何，而是怕连累别人。”我说，我不怕连累，我也不连累你；我们约法三章：绝对保密，决不外传，留作学习。他算勉强同意了，有空就给我讲一些彭总的事情。时常，我被这些故事搅得彻夜不寐，忍不住在脑子里一再地回味、思索，把一部分记在一个小本子上。

这年冬天，“四人帮”再度嚣张起来。我们的这类谈话终止了，因为那时有更多的迫在眉睫的使人焦虑的问题。

一九七六年春，有一天晚上，景希珍同志忽然闯进我的宿舍。他脸色苍白，眼睛浮肿，不说话，坐下来之后，他双手抱头，脑袋低垂着。

我问：“出什么事了？”

他抬起头来，泪流满面，说："彭老总死了……"

"啊!"我不禁愕然。

"他过去的司机赵凤池同志说的。他刚从北京回来，听人说，彭总都死了有一年多啦。老赵说，彭总病在医院里，临终前身边一个人也没有，孤苦一人啦。他要求见毛主席，见周总理，见朱老总，都没有见到。在那么一个年月，谁去给他通报啊！我知道，他有一肚子话要讲啊！现在，人们再也听不到他的话了!"景希珍同志哭述着。

"那你就讲吧，帮他讲。"我说。

"我怎么能讲出他要讲的话啊!"

"讲你十多年来见到的彭老总，讲彭老总给你讲过的话嘛。"

景希珍同志抹去眼泪说："好，我讲，我讲。反正他已经见马克思去了……"

就这样，我们又恢复了关于彭总的谈话。

打倒"四人帮"，思想大解放。我破了我们的"约法三章"。我把老景关于彭总的谈话记录念给了有些领导和同志们听。他们听了，也掉了眼泪，并指出这是珍贵的材料，应该整理出来。我便把所得的材料，按时间顺序作了初步的整理。

一九七八年十二月，党中央给彭德怀同志伟大的一生作出了公正、如实的结论。邓小平同志代表党中央给彭德怀同志所作的悼词，表达了全党、全军和全国各族人民多年来对彭德怀同志的评价、敬意和怀念之情。在这种情况下，在领导和同志们的支持下，我们又请景希珍同志把他所知道的情况从头到尾说了一遍，说了一个星期。于是，就形成了现在这样一篇回忆录。

在整理过程中，我们几经研究，觉得还是保留原来记录的面貌为好。所以，在文字上没有怎么修饰，而是力求朴实、真实地反映出当时的情况。自然，也不可能是有闻必录，百无一误。因为有些事情，时间长了，回忆者也记得不那么清楚了。再说，作为一个警卫人员，对于彭总的有些重大政治活动，他知道一些，但又不甚了了。所以，这里记述的并非彭总光辉的一生，也不是他十分重要的十七年间的全部事迹，而只是一些生活片断——一个警卫员眼中所见的片段。至于更为繁重的整理工作，只有请其他同志来做了。

在整理记录的过程中，跟随彭总多年的秘书綦魁英和司机赵凤池，主动地提供了一些材料，并帮助订正了一些事实，特此表示感谢。

丁隆炎

在朝鲜战场

见面

一九五〇年深秋，我刚过了十九岁的生日。一天，上级突然通知我，把我从大西北调到了遥远的首都北京。不久，又跨过了鸭绿江，去到更加遥远的朝鲜战场。从此，我就离开了侦察参谋的岗位，警卫在彭德怀同志身边，同欢乐，共忧患，一直跟随了他十七年。

起初，我并不知道分配我干什么。

到达志愿军司令部的当天，机关的一个负责人对我说：“你到彭司令员那里当警卫员。”

我一听，连问了几声：“是不是彭老总，彭德怀同志？”他点点头，我紧张了，好久不敢相信这是真的。我，啥也不懂，文化水平恁低，怎么给选到他那去工作？我从小就听说过这个彭老总，在西北听部队老同志讲他的英雄故事就多了。所以，听说要到彭老总身边工作，我心里很高兴，同时又十分担心。

“我能搞得好吗？”

我到彭老总的办公室报到时，办公室主任说：“你休息两天吧，这两天暂且不要见他。”我心里纳闷：当警卫员怎能不见首长？见首长还要选日子？

彭总的指挥部设在一个大山沟里。靠山脚有一些当年挖矿时留下的洞。洞内经过修整，纵横相连，可以住人，只是太潮湿，因而在洞口搭了一些木板棚子。彭总就住在作战室旁边一个小棚里。

我很想见到彭总。他原来的警卫员郵友才看到我有些心急，问我："想见见他？"我连连点头。他就叫我跟在他后面进到小棚子里去。他嘱咐我："他不问话，你也就别吭声。"

友才是进去倒开水的。他推门、走路都很轻。我站在门边，连大气也不敢出。彭总坐在一个木头箱子垒成的写字台前，抬头看了一眼，接着又低头看文件去了。就这一眼，我着实被吓了一跳："这个人样子好厉害啊！"他粗眉毛，厚嘴唇，宽肩膀，表情又像生气又像发愁。屋子里很冷，板壁缝里冒出一股股白雾，凝结成了冰霜。地上有一条小水沟，流着从山洞里淌出来的一股水，可以闻到硫黄的气味。一张行军床，就放在水沟旁边。总之，这里没有一点叫人稀奇的东西。要不是彭总坐在眼前，我真不会相信这是中国人民志愿军司令员兼政委住宿、办公的地方。

出门来，我问友才："怎么样，很厉害吧？"

友才说："嗯，很厉害。不过你不用怕，他不会骂我们。有时批评干部，干部越大他越不客气。这些天，我们都得小心点，他正在气头上！"

"不是前方刚打了大胜仗吗？他气什么？"

友才坐下来，抱着脑袋摇了摇，说："你没听说？咳！我们这些人，都该死！没有把毛岸英同志照顾好。他牺牲后，彭总好些天都这样，吃一点点，睡一会儿，话也很少说……"

我这才知道，为什么主任叫我等两天才见彭总。

过了两天，主任把我带去见彭总了。他跟彭总报告说："司令员，这是从西北军区调来的警卫员景希珍同志。"

彭总取下老花眼镜，望着我："哦，你是哪个军的？"

"报告首长！七军。"

“是彭绍辉那个军。他叫你来的?”

我说:“不,我不知道谁叫我来的。”

他笑了笑,叫我坐下,问了我名字的写法和年龄,然后说:“我们以后就在一块干啦,——抗美援朝、保家卫国,好吗?”

我只顾点头,心里高兴得说不出话来。

彭总晚上有散步的习惯。他出去我都跟着他。第一天,他问我:“西北军区叫你来,怎么对你说的?”

我照实回答:“他们没有告诉我,只说调我到北京。”

“这么说,他们是把你哄出来的?”

我说:“不!不是哄,是保密。到你这儿,我很高兴,就怕干不好。”

他突然想起了什么,问我:“你怎么拖到这时候才来?”

我本来是从兰州坐军用飞机去北京的。行前,军区参谋长交给我一封密信,向我交代说,飞机落地就到北京了,要我拿着信直接到北京饭店找陈赓同志。还要我注意保密,旅途上不要把信掏给人家看。我一一记住了。谁知飞机中途加油,在西安降落——陈赓同志我没找着,飞机又起飞了。后来,请求一个军事机关协助,才搭上火车去北京。我叙述了上边的情况,有点不安地说:“在西安上了火车,火车再怎么停我也不下车了,一直到了终点站北京。可就晚了这些天。”

彭总听了哈哈大笑起来:“你这个小家伙,也太死板了!”

我说:“不是我死板,是上级交代了的,说飞机落地就到,还要我不要轻易对别人说是去哪里……”

彭总拍着我的肩,说道:“对!看得出来,他们给我选来了个老实的小伙子,一个好兵!”

慰问品

从我们志愿军跨过鸭绿江那天起，祖国人民便全力注视和支援着这场关系到新中国生死存亡的战争。

不久，各类生活物资也大批运到了前线。这当中，有一些包裹、箱子，写明直接寄给志愿军司令员彭德怀同志。里面大都装着烟、酒、糖、茶和罐头等食品，还夹着一些信，向他表示慰问，要求他一定领受祖国人民的心意。

军邮知道彭总的脾气，不敢把这些东西直接送到他那里去，总是朝我住的地点搬，一下子把屋里屋外都塞满了。彭总看到了，对我说："你就负责把这些东西管起来，分下去。"还告诉我，要分得公平合理，附近的机关部队都要有一点。第一次分不够下次再补。还说，分到东西的单位，要写一封给祖国人民的感谢信。

一天，我正忙着分发慰问品，办公室有个干部派了通讯员来，留这个、要那个，打算当场拿去一些东西。我不让他拿，我说："司令员有指示，这个事我管。"一会儿，那个干部亲自来了，说："你是不想干了吧？不想干了就到三八线上去！"我说："三八线就三八线，你这是什么作风？"我们吵起来了，叮呀当的，不可开交。彭总走出来，问了问情况，当着我的面把那个干部批评了一顿。彭总对我说："我支持你，就按你的主张办，谁也不能私自装腰包！"

晚上散步的时候，彭总还对我说："你今天做得对！管'公'的人就要这样：第一，自己不贪；第二，别人不送；第三，敢把厚脸皮的上司、熟人挡回去。有这三条才保得住一个'公'！"

这三条，我记得很牢。这不只是因为他当时说了这样一番给人深思的话，而是在此后的十七年中，我在他的行动上看到，他就是这样管“公”的。他管的是很大很大的“公”，掌的是很大很大的权，却从没有说过他自己需要什么，更没有叫我到哪里去要过什么。直到今天，我也说不上他有什么嗜好，总是给他什么穿就穿什么，给他什么吃就吃什么。他除了领取自己的一份薪金，从来没有占用过非分的东西。他应得的那一份。还经常地拿出来帮助这个、帮助那个。

指挥所里

雨季到来了。

彭总的小板棚是头顶漏水，四壁淌水，地下流水。正在这时，来了祖国人民的慰问团，同来的还有一些朝鲜人民军的战友和乡亲。

开头，我只顾忙着招待客人。后来，看到慰问团和朝鲜同志都往彭总的小板棚走去——那里出啥事了？我连忙跑去。祖国人民慰问团和朝鲜同志围在彭总的办公台前，像在瞻仰一个年代久远了的古迹，静静地肃立着，只听得从办公台上边那张遮漏的雨布上，发出均匀的嘀嗒嘀嗒的水滴声。

“小同志，我们彭总平时就坐在这儿?”一个戴眼镜的老同志问我。

我说：“是的。彭总忙得很，能安静地在这儿坐一会也难得咧!”

那个老同志推了推办公台，并在一起的木头箱子发出吱吱吱的响声。他转身又从彭总行军床上抱起了那床被漏下来的雨水浸湿了一大块的发潮的被子，让人们看了一阵，然后问我：“他在这儿安睡片刻的机会都难得，对吗?”

我“嗯”了一声。

这个老同志又去摸了摸湿漉漉的板墙，激动地拉着长声说：“这里呀，住着百万英雄大军的统帅，这里就是他的指挥台。就是从这里，发出了使敌人胆寒、人民欢欣的号令；从这里，我们看到了我们的军队为什么无往而不胜！”他同我使劲地握手时，我看到，他的眼眶内闪动着泪花。

不久，朝鲜人民军派来了一个工兵连，要给彭总把屋子重新修过，但彭总只叫他们修理通讯人员和我们警卫排住的房子。以后，不知是国内还是朝鲜，给彭总送来了一个大电炉。这个电炉像一面大镜子，可以平着、竖着烤。每到晚上，电动机响起来时，彭总屋子里立刻热烘烘的。半夜，连我们睡在隔壁屋子里也盖不住被子了。因为他等我们睡下后，就把电炉移来放在门口，并且把炉嘴对着我们的铺位。我们发现后，又把它调了过去。但第二天起来，我们发现电炉又转过脸来了。有时，夜里他要办公，电炉不便搬动。他就把自己的被子、军毯、大衣悄悄地盖在我们的身上。

那位赞扬彭总的老同志，不知是不是郭老？当时我不认识他，后来从电影上看，觉得有点像，但有的同志又说是作家巴金同志。不管是郭老还是巴金，他们的话说出了我们解放军、志愿军战士共同的体会：一个百万大军的统帅和他统帅的士兵过一样的生活，这个军队自然是临危不惧、一往无前的！

仗打得很紧张的时候

头一年吧，仗打得可紧张了。白天，晚上，彭总难得倒在床上睡个觉。有时睡，也只是脱了鞋坐在行军床上，或者坐在我给他铺了一块棉垫的木箱上，背靠着墙，那么养养神而已。参谋人员报告了情况，他便马上走到地图跟前做标记，作指示。

当前沿正进行战前准备的时候，或者暂时听不到新的战况的时候，彭总就在屋子里转，在外头转，有时一转两三个小时，不说话，也不吃不喝。我们喊他，他听不见；催急了，他还难免骂两句，他不让别人打断他的思路。

前线的战况，彭总的心情，我们都可以从他的脸上看出来。他从不隐藏自己的喜怒哀乐。遇到战事不顺利，我们便看到他表情严肃，眉头紧皱，忘了吃、忘了喝，有时凝神静思，有时迅速地走动。这时候，指挥所里，人们走路、咳嗽都格外小声。打了胜仗，他就喊叫："小鬼，拿东西来吃!"他吃，也叫大家吃。有时他还哼上几句湖南花鼓戏，逗得大家发笑。

我还记得。他有时实在困极了，就坐在木头箱上，背靠板墙，眼睛闭着。但是右手还是捏着电筒，左手还拿放大镜，嘴里喃喃地说着什么。在那些日子里，这就是他难得的睡眠了。这样的睡觉，每次最多也不过十来分钟。一醒来，他就问："有谁来过没有?"怎么会没有人来呢?多少条战壕连到他那里啊!但是志司首长和同志们对他非常体贴，只要不是极其紧要的事。就不让我唤醒他。后来他察觉了，先是批评我，然后又向我讲道理。还说："解决这问题。我要'自力更生'!"从此，为了使头脑保持清醒，他时常跑去外边走一走，哪怕是风雪连天的冬夜也是这样。出门前，他总要打声招呼："我去透透气。"意思是有了情况，叫值班员及时报告。常常刚到洞外，情况就来了，他抓起一把雪擦擦手，再把冰凉的手在脑门上按按，又奔向了自己的指挥位置。

彭总的身体很好，在朝鲜那样劳累，也不生病，连感冒也很少。往后的十几年也如此。只是有一点轻微的肠胃病，有点痔疮。他什么药也不吃。他说，防病最好的方子是劳动和锻炼，治病的最好方子是多喝水。更没有见他吃过什么补药。从朝鲜回国后，傅连璋同志拉彭总去检查身体，他说："我才不去。你们医生乱弹琴，没有病也要查出几分病来。我自己还不知道自己!"其实，当时他晚上老是睡不好，离不得安眠药，后来形成了习惯，每晚都要吃两片或三片。

这就是在朝鲜那无数的不眠不息的夜晚留给他的后遗症。

他没有时间顾自己

有一次响空袭警报，我在洞子里没有听到。见大家都往洞里来，才忙着往彭总平时防空的地方奔去。到那里一看，不见人！我拔腿就朝洞外跑。洞门口有人喊道："你疯了?"这时天刚黑，但是，洞外被敌机抛撒的照明弹照得明晃晃的，一股股声浪冲进洞子里来，震得人耳朵发麻。我顾不得看敌机的来去方向，也顾不得看哪些地方挨了轰炸扫射，直朝彭总在门外的小屋跑去。他的小屋靠洞最近，有一个后门和洞口相通，几步就到了。这是特意为了他能随时进洞防空而安排的。

我刚跑出洞，就见一位干部已经跑在我的前面了。我们前后脚进了彭总的小屋，发现他半躺在被窝里，披着大衣，点着蜡烛，在看文件。外头响成了一锅粥，屋子里一股浓烈的火药味，他全没有觉得似的。

我们不约而同地大声喊道："走!"又一齐动手去拉彭总，他还没有反应过来。幸好，后面又跑来了警卫排的几个同志，大家连拉带架地把他推进了洞。我们刚离开，"哒哒哒"一长串子弹就擦着屋檐扫射过来，把那张行军床打了几个洞，而另一间房子也被打塌了一个角。过后，他笑着说；"今天不是你们几个把我搞进洞，我就见了马克思了。"

事后，志愿军政治部的甘泗淇主任把我找去，先把我表扬了一番，接着再三嘱咐："今后，你们离开彭总一步，都要给另一个同志交代，看着他，吃的、喝的递到他手里。他，没有时间顾自己啊!"

途中

在朝鲜，因为敌人有空中优势，彭总外出都在天黑以后。有一天出发到一个部队去。彭总心急，下午五时半就催着上路了。

车子走了一个小时左右，天还没有黑尽。我正担心：这鬼天怎么这么磨蹭，还不黑，可不要出事呀！正想着，事情就来了。前头防空信号枪一响，侧面山沟里就钻出了一大群敌机，歪扭着，怪叫着，向我们前面的警卫车俯冲下来。前面的敌机刚过去，后面的又钻过来了：低层的轰炸扫射，上层的打着掩护。

跟往常遇到这种情况一样，司机一个急刹车，我就把彭总拉下车去隐蔽。可是这回事情来得突然，车刚停，敌机已临到头上，彭总大概不愿在敌人眼鼻下躲闪，甩脱了我，他站在路旁一个田坎下，眼睛盯着头上的飞贼，骂道："娘的！我不信你把老子吃了！"我紧贴在他身旁，准备随时掩护他。

敌机对着公路俯冲下来，几梭子弹打在离车子只几公尺的地方，我感到一阵阵热风猛扑上脸来。但站在我面前的彭总，不动步、不弯腰，连眉毛都没有皱一皱。一会儿，我们前后响开了高射机枪，两侧不知什么地方的高炮，往天上抛去一朵朵白花，白花很快连成一片白云，敌机不敢再来了。彭总回过头，见我站在那里笑，像夸奖又像生气地说："你这个小鬼，站着干什么？看把戏吗？走！"

开会回来后，首长和同志们见着我就说；"好险啦！丢了我们的彭老总，美帝国主义还不把牛皮吹上天？"那次，我是够紧张的了。就那一会儿，我一身汗把棉衣都浸湿了，因为甘主任第一次找我谈话时就交代了："彭老总的安全，不仅我们中朝人民关心，全世界反对侵略、爱好和平的人民都在关心啊！"后来，我还听说了，为了彭总的安全，毛主席专门给志愿军党委发了一个电报。

以后多年，我常想起这一天，也常看到彭总的这个劲：不论是在什么样的艰险危难面前，他不会躲闪、不会退避。好像天塌下来也就是半斤八两；同样，不管是什么样的紧急情况，他也不会忘记别人，依然在关照别人。

彭总帮我写家信

还是晚上散步的时候。一个从安东留守处来战地的同志喊我："小景，有你的信!"

"呵，是家里来的!"我接过信。心里很高兴。那时候，接到一封家信好不容易。我也不管彭总在面前，蹦了几蹦，拆开信就看。"怪了，这是谁的信?"信头称我哥，信尾上的名字，三个字我认不得，不知是谁写来的。

"看不懂?"彭总看出我在作难，走过来问我。

我说："没什么，一会儿我再看。"

"我来帮你看看，行吗?"

我连说："不用不用。"心想，家里不知请谁写的草草字，哪敢麻烦他?忙把信往兜里揣。

他又说；"我也想知道祖国人民在干什么，他们对我们说些什么，偏偏你又信不过我。"

我忙把信掏给他，一边说："写信的这个人，我一时想不起是谁来。"

彭总接过信，跟着念出一个名字来。我一听心里咯噔一跳，脸刷地红了。忙说："行啦，行啦，快给我吧!"

他问："这是谁?未婚妻?"

我说："什么未婚妻，我们家乡的封建老规矩，从小给我说的一门亲。光听说过这个名字，从来没有照过面。我才不理这码事！"说着就要伸手夺信。

彭总说："先看看她写的什么，再决定理不理。好不好？"

我只好同意了。

彭总就站在灰蒙蒙的夜色里，借着地上白雪的反光，把这封信举在手里，忽远忽近地看了起来。看了一阵，他笑了："这姑娘不错，思想进步。她说她速成中学毕业了，说你是最可爱的人，很光荣。希望你杀敌立功，还有……"他边笑边说信上的内容。又问："怎么样？给她写封回信吧！"

我不好意思，说："我才不写哩。"

"我看应该回封信。先不说别的，人家对你表示慰问，希望你杀敌立功，总该表示个态度嘛。"

我终于说出了我的困难。我文化低，写不成，请别人写又不好意思。他像布置任务似的对我说："大胆写！写不起的字空着，我帮你改。"

过了两天，彭总他真还记得这事，催我："写好了没有？"我只好把写得结结巴巴的信稿给了他，他给我又添又改，然后一字一字念给我听，叫我自己抄正之后寄出。此后，他给我改了好几回这样的信。我的这门婚事，以及后来的家庭生活，一直得到他的关心。

我见到了毛主席

那是一九五二年初夏，我又一次随彭总回到北京。这次住的时间长一点。一天晚上，我站在我们临时住所的阳台上，看到北京城的灯火，心里真高兴呀！边看边自个儿打着拍子唱起来了。彭总来到我身后，我还不知道。

他问我："北京好玩吗？"

"当然好玩啦！"这几天，彭总在开会，就叫我到处去走走看看。"过去，我做梦也没有想到世界上有这么好的地方哇。一进颐和园，把我看呆了，那些皇帝老子们真会享福！"

他说："那都是古代劳动人民创造的。我们这个国家，我们国家各民族人民，很了不起。今后，我们一定还会作出更了不起的事情。"

我见彭总心情特别好，就把这些天一直压在心头的问题提出来了："首长，你们开会，毛主席在吗？……"

彭总一眼看穿了我的心思，"你想见毛主席？"

我连忙声明："不不，我是随便问问。我怎么能……"我想说，我又不是归国代表，在朝鲜前线，谁都知道，只有出色的战斗英雄、功臣模范，才能当上代表，回国观礼，有幸见到毛主席的。

彭总笑了笑，拍了拍我的肩，什么也没说。

第二天早起，彭总喊我到面前。上上下下地把我看了一番，然后把我的帽子、风纪扣、皮带有不符合规定的地方都作了纠正，说："今天跟我到一个地方去。"

我没有问去什么地方。只是想，大概有什么重要活动。

我坐在汽车里。眼睛只顾盯着外面。没有注意到车子已弯进一个大院里。下车后，这里有大湖、红墙、古树、一座座样式和色彩都很好看的房屋。我的热血顿时往上涌。我明白了：彭总是带我来见毛主席的！因为我听同志们说过，毛主席住的地方有个碧绿的海。

正这么想着，就见对面林荫路上，一个高大、结实、匀称的人迎着我们走来了。"啊！毛主席！"我不知应该上去敬礼好，还是赶快走开好。

刚下车的彭总大步迎上前去，向毛主席敬礼，同毛主席握手。

北京初夏的早晨，还稍带寒意，可我们的毛主席只穿了一件白衬衣，袖管高高地挽着。他的脸色红彤彤的，头发青幽幽的。我们的毛主席真健康呀！

彭总在向毛主席说什么，高大的主席微弓着身子听了一阵，突然仰头笑起来，回转身来看着我。我站在车门边一直没敢动。

彭总向我招了招手："小景，过来。"然后指着主席问我："认识吗？"

我连忙上前去，向主席敬礼，大声答道："认识，认识，毛主席！毛主席好！"

毛主席向我跨近两步，伸出手来："这么说，我们是老朋友了。"

我在胸襟前擦了擦双手，迎上去把主席的大手捧住了。

毛主席说："小朋友，你辛苦了！我向我们最可爱的人——中国人民志愿军问好！"

我傻乎乎的，"嗯，嗯……"不知说什么好。彭总代我说："我们中国人民志愿军战士问主席好！"

我连忙补上去："我们志愿军战士问主席好！我们一定好好抗美援朝、保家卫国！"

…………

回来的路上，彭总问我："见到了毛主席，满意了？"

我说："满意、满意，我太高兴了！"

他笑了笑，说："光高兴不行，还要记住你对主席说的话，好好抗美援朝、保家卫国！要拿出实际行动来！"

见到毛主席所受的鼓舞，真是用多少话也表达不出来的。我只好向彭总连连点头，回答了一个字："是！"

同朝鲜同志在一起

在朝鲜，我常常看到彭总和朝鲜人民的伟大领袖金日成在一起。

每次，金日成到我们志愿军司令部来，彭总都要亲自动手把他的小屋整理一下，还叫大家把驻地打扫干净，注意军容风纪，并亲自检查一遍。金日成到来之前，彭总都是叫我们站在远处高地上观望着，好及时报告他出来迎接。

彭总去金日成那里的时候，金日成也是很远就迎接着。他们两人一谈就是几个小时，甚至整天整夜，散步时也说个没完。金日成能说很道地的中国话，也特别能说笑话。不大爱说爱笑的彭总和他在一起。显得活跃得多了。

一天深夜，参谋来报告什么地方遭到敌机轰炸，而当天回去的金日成恰好要经过那个地方。彭总立即问："金日成同志过去了没有？"回答说："已经问明，金日成同志安全通过以后才有空袭的。"彭总放心地吁了一口气。

志愿军总部的首长，都知道彭总吃饭快。陈赓同志曾找到我，开玩笑说："小同志，帮帮忙，你让我以后吃顿饱饭吧！"他开玩笑似的要求我，开饭先通知他，让他先吃一阵，再通知彭总。可是，当金日成派到志愿军总部的联络员、人民军一个部队的政委在的时候，陈赓和别的首长就不用担这个心了。因为在这样的时候，彭总总是等这位联络员来到之后才进餐。吃完了也还要在一边陪着。连连向联络员说："慢吃慢吃。"过后，陈赓对我说："小鬼，你听见没有？我可是头一遭听到彭老总说了个'慢吃慢吃'啦！"

彭总时常叫我去请联络员来商量事情。他说过自己的意见后，总是问："你看行吗？"每次会上，都要让联络员畅所欲言，充分体现了彭总对人民军战友非常尊重和亲切的感情。

十几年后，在“文化大革命”中，我见一群青年人质问彭总：“你交代，你在朝鲜搞大国沙文主义的罪行！”

彭总回答说：“小同志们，我这个人是有很多毛病的，也愿意检查我的缺点错误，但你们说的这一条，搞大国沙文主义，而且是罪行的，没有！”

在停战以后的前沿阵地

朝鲜停战签字，本来应该更早一点，因为美帝国主义临时变卦，使得一次预定的签字仪式没有如期举行。

那次，党中央派了几个保卫干部来，专为彭总亲赴板门店签字时做警卫工作。事先，要和美方人员交涉会场的安全保障等问题，我也和他们一起到了板门店。

当一切都安排妥当的时候，签字仪式却一再延期。后来我们也就回平壤了。当我见到彭总时，他正在对几个首长说：“我们决不退让半步，敌人要流氓，我们就给他的油脸上一巴掌，狠狠的一巴掌，叫他老实点！”

当晚，他就往指挥部赶。路上一句话都没说，一个劲催司机：“快，快……”

到指挥部时，各兵团和一些军的首长都在等候着。一连几个白天黑夜，彭总不是开会，就是看地图。我把饭盒递在他手里，他吃喝两口又丢下来，跑到地图前去看去想。后来我才知道，彭总那时正在组织一次大规模的反击战，准备给谈判桌上一再耍滑头的敌人以严厉的教训。

战斗打响后，一连几个昼夜，他吃得少、睡得少，眼盯着地图，手握着电话，他的眼睛熬红了，嗓子也嘶哑了。我不时地听他骂骂咧咧的："妈的，大便不出来，光流血！"我到他便过的地方一看，可不，一大摊血！我连忙把医生找来。医生要给他治，他说："现在哪有时间，吃点泻药吧！"泻药吃下去后，他无论坐着、走动，都显得不方便，有时疼得直咬牙！但前线不断传来的战果使他高兴得大挥两臂，大声叫着："好！好！"

这次反击战的胜利，使美帝国主义终于坐下来签订了停战协定。

协议生效的当天，彭总就驱车到了最前沿的阵地。那里，刚刚激战过的土地还在发烫，泥土石头都烧成了黑颜色，树木只留下一个炭桩，一棵草都见不到了。

他步行着走了很远，在一个堆放烈士遗体的山头上，他看到一些同志正在清查、登记烈士的名字，便问："都能记下来吗？"

一个同志回答："很困难。"

他说："不要怕麻烦。必要时把他们所在连队的同志找来，要想方设法把他们的名字都记下来！"

然后，彭总来到准备掩埋烈士的地方，脱下了自己的军帽，默默地肃立了很久很久……

在国防部长任期内

守好大门

朝鲜停战以后，彭总回到北京主持中央军委日常工作。一九五四年第一届全国人民代表大会上，他被任命为国防部长。从此，在他离开这个岗位前的六年多时间里，他除了在中央开会和出国访问，都是深入部队和亲临海边防，检查战备、训练等情况。

为着中华民族不再受到外敌入侵，为着我们国家能安全地建设社会主义，他贡献了他全部的心血。

有一次，他来到东海前哨的一个炮兵阵地上。开初，负责守护这段地带的一个团长，对彭总提出的一些问题还能对答如流。后来，问到他们的大炮是哪年制造的，现在国外最新式的常规火炮的性能怎样，以及他们守护的海面前方有哪些国家的定期航线时，却回答不出来了。

彭总的脸色有些不好了。当他又看到这个阵地的弹药库竟然修在前沿，结构也不符合要求时，便电闪雷鸣般地发作了：

“你们谁到过这个地方？”他问跟着他来视察的几位部队首长。

回答说来过，对这个弹药库也看出了问题，但因为其他事耽误了改建。

“其他事？什么其他事！还有比守住你们的阵地，防止敌人的炮弹把你们的阵地掀翻更重要的事吗？你们呵！你们是坐在敌人只需要一发炮弹就能送你们升天的地方！还在忙其他事！乱弹琴！”

几个首长都站着不敢动。他压住了火，声音轻了，但批评的分量更重了。“你们几个都留在这儿，现在就着手，把这个库房拆了重修，看还有什么问题，你们就地研究解决。我一个月后再来检查！你这个团长，撤职！送军法处！”

当天，彭总在这个团部吃晚饭。当大家都入席坐好之后，他发现团长没有来，就对我喊：“小景，去，把团长请来！”

我离席走到门外，团长就站在那里，我拉他，他哪里敢动？还是一位部队首长把团长批评了一通，他才来到席前。

彭总拉着他，在自己身边坐下：“我今天又说了错话，向你道个歉吧！但只错了一句，不该说要把你撤掉，送军法处。其余的都对！当然，你认为不对的，可以批评我，不能赌气不吃饭啊！”

团长的眼圈红了：“首长，是我错了，你批评得对！

彭总又说：“都对是不可能的，大部分对就可以了。年轻人啊，想想吧，人民把一扇大门交给你来看，你就得千方百计把它看好啊！呵，你已经承认错了，我就不说了，吃饭吃饭！”

那个团长拿筷子的手激动地发着抖，彭总把一大夹菜送到了他碗里。我看见，团长转过脸去，悄悄擦去了眼里的泪水。

要多为战士们想想

在一年冬天，彭总到祖国南海岸视察。进入一个军营的时候，从一座亮着彩灯的礼堂里传来悠扬的乐曲声，一听就知道那儿在举行舞会。

彭总下了车。径直朝营房后面的连队驻地走去。一个班正在讨论时事。彭总进门后自己作了介绍："我是彭德怀，来参加你们的学习，好吗？"

这个班忙乎开了，又端水又倒茶。一个干部端来一把椅子，战士们又垫上一床被子请他坐。他却坐到了战士们的矮凳上，问："你们讨论什么问题？"

一个战士递给他一张报纸。彭总看了看，和大家讨论起报上的消息：为什么一些新独立的国家老是闹政变？

战士们热烈地发表意见。大家说，帝国主义的干涉和颠覆，新兴的独立国家没有马列主义政党的正确领导，民族民主革命不彻底，等等，这就造成了这些国家长期的不稳定。

最后，彭总举起手来："报告班长，我发个言。"接着他就讲开了，"这些国家不安宁，同志们分析的原因都对。还有一个原因，就是他们的领导不愿意和大家一样坐矮板凳、硬板凳，可能原先他们也是坐矮板凳的，后来他们就只能坐高板凳了，比你们叫我坐的那板凳还高，高得多！……"

战士们高声大笑起来。彭总却站起来了，严肃地看了看随后跟来的这个部队的几个领导干部。接着刚才的话头说："那些坐在很高很高的板凳上的人，看不到士兵了，不知道士兵们在说什么想什么了。士兵们在学习，干部们在跳舞！……"

几个领导干部脸红了。彭总接着问："今天星期几？你们一个礼拜跳几次舞？"然后说，"我不跳舞，我也不反对别人跳。但你们在娱乐的时候，也要尽可能和士兵在一起。唱歌、演戏、打乒乓、下棋，怎么不可以？大家同乐同乐怎么不好？为什么光搞那个东西？搞也得分个时间场合嘛！不要在营房里搞！"

彭总最后又说："不要因为你们自己不爱好打球，不爱唱歌，只爱跳舞，你们就不去提倡，不去组织适合战士特点的文娱体育活动。你们要多为战士们想想！"

高山兵站

到西北的格尔木地区时，内地正是比较热的时候。但在那里，人人都穿着棉衣。大风来时，黄沙满天，早晚还使人感到手脚都有些僵。

彭总在一个负责物资转运的兵站，看了战士们的劳动工地，又看了他们的住房、食堂。他摸着战士盖的棉被，伸手接着板棚上不断撒落下的尘土，问干部们：“战士住在这样的屋子里不冷吗?”

干部说，是冷啊，这样的房子既不挡风又不挡沙，早起时，被面上起一层霜。不过大家没意见，因为都知道，当前任务紧急，腾不出手来整这些，干部也和大家一样的吃住，所以劳动情绪还是很高。

彭总点了点头：“很好很好！一条，大家明白了道理；二条，干部和大家共甘苦。我们靠这两条就能把天大的困难战胜一大半！还要给大家解决实际问题，入冬前一定要做好防寒准备。”

彭总在这里，和大家吃一样的饭，还要和大家睡在大屋子里的通铺上。后来还是一个同志说：“你睡在这儿，大家都担心把你冻病，都睡不着。”彭总才同意单另住在一个地方。半夜，他又起来检查这个兵站的哨位。

“你怎么不穿皮大衣?”他问哨兵。

“报告首长，我们没有皮大衣。”

“为什么你们没有皮大衣?”

“因为上级有规定，以一条什么河为界，河西才算高寒地带，发皮大衣、毛皮鞋，我们河东，没过线，所以不算。”

第二天，彭总对这个规定专门作了调查，发现这个兵站，因为地势高，比河西有的地方还冷些。他当即给有关部门作了指示：“按实际情况发给御寒物品。”

说来也凑巧，十几年后，我偶尔碰到了当年在这个地区兵站工作的同志。他告诉我，那次彭总检查工作以后，这一带的高山兵站不但领到了皮大衣等御寒物资，上级还发来了一些烤火的铁炉，又给每个连队发了一架当时很稀罕的铁壳收音机。

在海军基地

彭总的性子急是出了名的。他的时间一分一秒都安排得很紧，预定要去哪里，干什么，到时候哪怕来了风暴雷霆也休想挡住他。

有一年，彭总来到青岛附近一个海军基地，准备观看海上的一次演习。基地首长告诉他海上气候发生了变化，问他：演习是不是延期举行？彭总反问：“敌人要打你的话，这样的气候他来不来？”

基地首长只好如实告诉他，这次演习是专为向他汇报组织的。这时气候变了，彭总不能登上已经开到远海的指挥舰上去。彭总问：“你们能登上去吗？”舰艇指挥员都比他年轻得多，又是受过专门训练的，回答当然是肯定的。彭总说：“你们能去的地方，我就能去。”

基地首长还是劝阻他，他怎么也不听。我对海军的同志们悄悄说，你们放心吧，首长结实得很。我说的是实话。就在这前不久，在这个基地附近爬山，彭总把所有的首长拉下了不说，我们有的年轻人也赶不上他。

于是，彭总坐了小舢板去登指挥舰。到了大海上，我才吃了一惊，第一次见到大涌是怎么回事。它把海面像一块绸布一样抖动开来，荡得大军舰一起一落的。小舢板被大浪一会抛了起来，一会又揪了下去。

彭总站在舢板前头，拉开架势想看准一个适当的时机往舰上跳。海军首长劝他不听，我把他死死拽住了，彭总把我拨拉开：“你让开，我不要你管！”

我只好对海军的首长说：“彭总的安全问题请你们听我的，往回开！”舰艇刚转过头，彭总坐下来气得呼哧哧的。

后来，彭总向海军首长提出乘快艇到演习区域参观。人家拗不过他，只好同意了，但快艇开得很慢。彭总又不满意了，问艇长：“你这也叫快艇？”人家只好加速。他又问：“这就是最快的啦？”小艇终于加到最快速度。他大笑起来：“这还差不多！”舰舷两边，腾起了白花花的浪涛。把我们的雨衣浇得透湿。彭总站在小艇前头，昂着头，望着浪花滚滚的茫茫大海，很是惬意。

酷热的沙滩

彭总性子急，难免吃苦头。

那是在东海前线，彭总要去检查一项新建的国防工程。车开到中途，他问司机：“不能从沙滩上对直开过去吗？”他大概看到了沙滩上有车辙。

司机是当地部队临时派来的，说：“可以开，但路不好走，有的地方可能陷车。”

彭总鼓励司机：“不怕它陷，陷一两下也比多绕几十里路强。”

司机还是有点犹豫。我也看到，沙滩上坑坑凹凹的，走起来太颠簸。但我知道他的脾气，只好鼓励司机对直开。

车开上沙滩地，几次陷进沙坑里开不动，司机头上大汗直冒。

这时正值酷暑季节，烈日当空，海上微风不起，沙滩上被晒得腾起一片晃眼的金星。车里很快就变成了一个蒸笼，闷热难当，彭总的军衣也汗湿了。

车子终于熄了火，再也不动了，这儿正好在沙滩腹心，离目的地还有十来里。

“好，你慢慢修，我们下车走。”彭总说着就下车往前走。

“首长！”我们已经走了十几步了，年轻的司机赶了上来，擦着满脸的汗水、泪水说道：“对不起首长，我没完成任务！”

彭总说：“这不怪你呀！怪我出了烂点子。没什么，你再修修，不行的话只好回去搬救兵了。”

小伙子没听见，带着哭声说：“首长，我技术不过关，我……”彭总拍了拍司机的头，把他安慰了一番。

走到目的地的时候，彭总的衣衫都拧得出水来。当地部队的首长一个个看着惊呆了，要他赶快去洗澡、更衣、休息。他没顾这些，立刻带着他们去检查工事。

晚上彭总叫我去问，司机赶来了没有？我问明后告诉他，他早开车回来了，一直躲着不敢出门，彭总又叫人把他找来，问了他的姓名、年龄、参军时间、开了几年车，等等；又问为什么沙滩上有别人开过的车印。司机说，他是个新手，技术不行。彭总跟他讲开了朝鲜战场上的司机，怎样钻过地面上的炸弹坑，又躲过头上敌机袭击的故事，最后他把自己的一个笔记本送给了司机同志。我记得，彭总在本子上写着：“学习政治，钻研技术，为建设强大的现代化的国防军而奋斗！”并签上了自己的名字。

不能叫一个同志受委屈

彭总很严肃，批评人的时候很尖锐，但他是讲道理的，也允许别人反驳。有时当场向被批评者认错，有时把别人反驳意见中的合理部分当场记下来，表示查实后解决。

我自己就遇到过这种情况，军衔评下来的时候，我不满意，在党小组会上和一个干部顶起来了，几天情绪不高。

彭总知道了，把我狠狠批评了一顿："计较这些干什么？那一个花叫你光彩到哪里？这些事情怎么好意思去争啊！"他还跟我讲了许多道理。我一直记得他常讲的一句话：多少革命战士在行军的道路上负伤倒下来后，连脚上一双好点的鞋子也主动拔下来给战友，好让同志们往前赶路。

这次我因为正在火头上，也就同彭总争辩起来了："你完全把情况搞岔了！我是争军衔吗？我是对组织没搞清我的情况不服！主任说我到这里来之前是班长，我说不是，是啥请他了解了解。我要那个花干啥？又不是吃得的！"

彭总一听不是那么回事，就叫我坐下来慢慢说。我说，我来这之前当过一年排长，半年见习侦察参谋。彭总马上喊主任来，要他搞清楚，原来我的档案里对这段情况记载的不够明确。

过了一段时间，彭总对我说，你的情况弄清楚了，和你自己说的一样。我说，清楚了就行，我再不说别的。彭总说：当然得参照你来时的级别评定军衔啰！这不是多一个少一个花的问题，是如实地承认一个同志的历史。争那些东西，闹那些东西是要批评的，但合理的意见要听，该解决的要解决，不能叫一个同志受委屈。

毛主席了解我

彭总任国防部长时，曾带我们专程去韶山瞻仰毛主席旧居。他在毛主席早年一幅全家的照片前停了很久，对我们说："这就是毛主席一家，毛主席就生长在这个屋里。这个屋给中国人民的贡献好大啊!”

他对引他参观的当地领导说，要想法把屋子加固，墙基屋瓦都要常检修，要防漏防蛀，但不要把原来的样子改变了。他说，让外国的同志来看看，一个人只要掌握了真理，哪怕他从这样的茅屋里走出来，他也会在这个世界上起伟大作用的。

我常听他说：“我是个猛张飞，没啥大本事，后来上井冈山找到了毛主席，学了点马列，这才真正懂得怎样闹革命，怎么给老百姓办事了。”

彭总对一个人的好感和爱戴，很少用语言来表示。但在他身边久了的人，都能发现彭总对毛主席的热爱，虽然言语不多，却感人至深。

他在中南海的住地离毛主席最近，凡是有人来他家，他都特别说明汽车从哪道门、哪条路上来，又叫我们老早在门口等着，让来车开得慢些，不要鸣笛。他没有向我们说过原因，我到后来才知道：这是因为毛主席有夜间工作的习惯，彭总怕车声影响毛主席的睡眠。

彭总晚上有吃安眠药的习惯。夜间电话一来，我们都特别注意，马上拿起听筒，不让铃声把他吵醒。但我发现，他好像仍在听着我们通话的声调。凡是毛主席那里来的电话，他总是不等我们去请，马上就出现在电话间。多少次，我看见他接到主席的电话后，用冷水洗洗脸，很快就大步向毛主席住地走去。

彭总出国访问时，经常是每到一地，都被大群大群的人围着欢迎。有一次几个像是很有学问的老头拦住了他，叽里呱啦说了一大通。从翻译口中，我听出他们在一股劲地称颂他：“百战百胜的中国将军!”“创造战争奇迹的英雄!”“第一个打败了美国军队的统帅!”等等。彭总听到后，马上收敛起笑容，回答说：“你们搞错了人，我不过是一个普通军人，打过胜仗，也打过败仗。至于打败美国侵略军的，是朝鲜和中国的英雄人民和军队，英明的统帅是毛泽东同志和金日成同志！”后来，我还听彭总对翻译说：“以后有人给我吹这样的牛皮，你不要翻译了。你对他们说，这是假话，是别人胡吹的！说我彭德怀听了这话就要脸红！”

直到彭总被免去国防部长职务，长期休息后，他对毛主席的敬爱和信仰依然没有丝毫减弱。我不止一次听他说：“我跟毛主席几十年，我了解毛主席，毛主席也了解我。他知道我有一个倔脾气，自己认为是对的非干下去不可，错了也不赖账。我想，我们以后会说得通的！”

照相的故事

抗美援朝战争结束后，一段时间，彭总家里常有记者和作家来，都是要他谈情况，准备给他写书。开头我也待在一边，想捎带听听，他却老是一句话：“我有什么好谈的？你们另出个题目吧。”不管人家怎么说，他就是不说他自己的事。后来我也就不去听了。慢慢地也很少有这方面的人来了。

但是，跟彭总熟悉的一个摄影家，还是经常来。这个摄影家一来，就缠住彭总，要给他照相。“咳，你这个同志，成天咔嚓咔嚓！要照，你照群众，照那些流血流汗的英雄嘛。”彭总说：“照我干什么？我这个人长得丑。”

摄影家来找我帮忙。我和他约定，在彭总常散步的地方，他选一个好天气，先给别人照，我到时候把彭总领来看热闹，再动员他照几张。谁知，当我们按预定计划把场面摆好时，彭总老远看到了他，扭头就走：“快走快走，不能往那边去，不然，那人又要拉我照相。”

过年的时候，摄影家动员了一群孩子把彭总从屋里拉了出来，打算给他照相。彭总历来爱孩子，当他跟着一群孩子来到院落里，一见那位摄影家背着照相机走来，立刻“警惕”起来，怎么也不面对照相机。后来他对我说：“差点上了当!”我说：“人家也是好意，照一张就照一张呗。”他说：“你小孩子不懂！干点工作要人家宣扬干什么?”

就因为他不愿照相，解放军报找到我，给我一部照相机，要我带着随彭总出差。他们还说，胶卷充分供应，要多少给多少。彭总见我背上这玩意儿，很生气：“哪来的这个?”我按报社教我的说：“这是报社给的任务，照回去作资料的。”他只好说：“作资料可以，不要拿出去登报，登报也不要登我。”既然不能登报，我照的也就只好自己保存作纪念了。十几年后，因为我有一个“保彭德怀的黑警卫”的罪名，这些照片一张也没能保存下来。

我父亲来了

一九五四年，我们住在中南海。我父亲来北京看我，我把他安顿在招待所住。

彭总知道了这件事，问我：“你父亲来了?”

我“嗯”了一声。

“怎么不接他进来?”

我说：“接他进来干啥?”

他接连问道：“干啥？他不是来看他儿子吗？他儿子不是在这儿工作吗？他儿子能在这儿工作，他就不能来这儿？谁规定的?”

我说：“没谁规定。我想，他农村来的……”

这句话可把彭总惹火了。他厉声问我：“你是哪里来的？你知道我是哪里来的？我们不都是农村来的？过去不都是种田人？我们是农民养大的，是农民把我们送进城里，送到这从前皇帝老倌住的地方来的！难道我们就不能在这儿见见农民？何况他是你老子!”

彭总不由分说，要我坐上他的车马上把我父亲接来。当天晚上，彭总、他的夫人浦安修和他的侄女，一道陪我的父亲吃饭。彭总还连连给我父亲敬酒。

这顿饭吃了一两个小时。彭总把农村的情况问得可仔细了。我父亲几杯酒下肚以后，话也就多了，讲起旧社会我们一家遭的难，土改分了些啥东西，扳起指头给他算起收成账来，两个人乐得哈哈大笑。我在一旁拉扯我的父亲，意思是叫他少说几句。我的父亲却朝我摆手：“不怕的！我看得出，这位同志过去也是庄户人，摸得透我们的心思。”他把身子凑近彭总，继续讲起家中栏里的猪、屋后的柿子树……彭总确实是听得津津有味的，还不时地纠正我父亲不精确的计算。

我送父亲回招待所的时候，他问我：“你的首长叫什么?”

那时候，上级有规定，我们对外不说自己跟哪个首长，所以我在家信中从没提过自己干什么。这次我还是不回答父亲，只说：“知道是首长就得了，你管他叫什么?”

父亲住了几天，终于从其他人口中打听出了我的首长是谁。一天晚上，他兴奋地对我说：“嗨！我只看出他是个大官，没想到他就是我们的彭老总！小子，你放心，我不会到处乱说的!”父亲临走的时候，还去向彭老总告别，说：“我可不敢再打扰你啦!”彭总一直把我父亲送出门。到了车站，父亲附在我耳边说：“小子，尽心尽意保护着他，千万出不得差错啊!”

彭总和我一家

从朝鲜回国后，彭总又要我回一趟家。走前对我说："你也二十好几了，回去看看父母，也看看给你写信的那个姑娘。我看人家是真心实意，你要是中意，就把亲事办了。"等我走了几步，他又叫住我补充说，"不过，这种事可勉强不得，如果双方不太中意，就不要忙。"

那次，我回家结了婚。以后把爱人带到北京来见彭总时，彭总当她的面拍着我的肩头："你这小家伙，不错！还是选了个苦根子，没忘本。"彭总夫妻给我们补送了结婚礼物。

后来我的爱人迁到北京来了。她在工厂做工。当时中南海房子比较紧张，我就收拾了一间原来是堆放家具的房子来住。彭总来看了，说："半截子屋破破烂烂，不整洁也不暖和，去把我那床壁毯拿来挂起来吧。"我们再三推辞。我爱人说："这都很不错了，我们多少辈人见都没有见过这样好的地方哩。"后来彭总还是叫人把壁毯送来，我们将它挂起，刚好把靠壁的杂物遮住了。这壁毯还是解放战争时期一个毛纺厂送的，上面织着几个大字：送给中国人民解放军彭德怀副总司令。

大跃进年代，我们有了第一个孩子。有一个星期天，孩子从幼儿园接回来后，我爱人还留在厂里加班。这时正赶上彭总有事外出，我只得把孩子交给别人代管一下。小东西大声哭闹起来。彭总走过来抱起正撒泼的孩子，抖着哄着，对我说："把他带上车，你又执行任务又带孩子多好。"我连说不行不行。他说："谁都有个特殊情况嘛。"孩子紧紧搂着他，和他一起坐进了汽车。彭总爱孩子爱得奇特，谁家打孩子他也去干涉。有次，我打了孩子几下，孩子号哭着跑到他那告状，他见孩子屁股上有印痕，气得大骂："你打他，我看该把你打一顿！"每到星期六，他就催："快去接孩子吧，不然小东西又要哭闹了。"

我们后来真的就像一家人一样。在他停止工作的那几年，每当学习、劳动之余，总要找到我的孩子，跟他们讲故事，揩鼻涕，分发糖果、饼干。时间长了，我的孩子也懂得了规矩：当彭总戴着老花眼镜的时候，谁也不去打扰吵闹；当他一取下眼镜，便喊着"爷爷，爷爷……"跑了上去，要分好东西吃。

不要脱离群众

彭总没有游览名山大川的习惯，也很少去看戏或看球赛，跳舞更是不去。只有看电影还比较喜欢，特别喜欢看中国影片。看的时候，要是专门为他或者少数几个人放映一场，他就叫等着，要我们到处去喊人。有一次，没叫来人，他拍屁股就走，说："以后再看吧！"

一九五六年夏天，我跟彭总说，北海公园很不错，游人很多，湖心亭子里演着戏，岸上可以看，划着小船也可以看。他听了很高兴："唔，今天我们也看看去。"

我按警卫部门的规定，把首长下午几点到北海公园的事报告给有关部门了。傍晚，彭总穿着便衣，叫汽车在离公园还有一条街的地方停下了。到门口一看，一块大牌子上写着"休息"，几个干部和公安人员早在那儿等着，把彭总迎了进去。

彭总进门走了几步就停了下来，问我："你搞的什么鬼？"

我也纳闷：怎么公园里看不到几个人？因为我这是第一次跟彭总逛公园，没想到是我给警卫部门的那个报告引起的后果。他动怒了，我才隐约有了察觉，但还想辩解："牌子上写的不是休息吗？"

"休息？休息为什么叫我们进来？"彭总不但冲着我，也冲着跟在身后的公安人员，"你们就是叫我们脱离群众！你们说，是不是你们把群众赶跑了？"

几个公安人员回答，他们是奉了上级指示，闭园接待首长的。

"为什么要这样？我们有什么见不得人的？这么大一个公园，我们来了，别人就不能来？这种规矩，以后在我们共产党领导的国家里绝不能有！"他返身走出了公园。

路上，彭总还狠狠地瞪了我一眼："我以后再不逛公园了，免得老百姓背后骂我的娘！"

"小气"和大方

彭总的"小气"和大方，两方面都突出。

那年出国访问，每到一个国家，大使馆都按国家规定给代表团每一个成员发一些钱，供他们在商店里买一些东西。发给彭总的钱更多些，因为他是代表团团长。他却看都不看一眼，说："退给人家，我们不买什么。"

在德意志民主共和国，我把发给彭总的一叠崭新的马克送回大使馆以前，提出给他的一个已经参加工作的侄女买块表。他想了想，说："好吧，弄个最便宜的，能看个时辰就行了。"我想，反正这些钱要交，还是买块好看些的，贵点也罢。买回表来给他看，他还满意，但一看发票，眉头皱起来了，连说："太贵了！太贵了！这合人民币多少？小孩子戴这个，用不着。"他非叫我去换不可。我咬定这是最便宜的。因为很快要离开，他也没法，但是嘟哝了好几次："这肯定不是最便宜的！你捣了鬼！"其实，这块表的价钱还不到他送还的那一摞钱的百分之一。

这类“小气”的例子还很多。每顿饭剩下的菜，他规定不能倒掉，下顿再热来给他吃。说来谁也难相信，我们这样大一个国家的副总理兼国防部长，穿在里头的衬衣好多是打了补丁的。有些衣服、袜子实在不能再补了，我也不敢扔掉，因为他说不定到什么时候记起了就要查问：我那一件什么什么样的衣服，怎么不见了？因此，每当处理破烂，只得拿去给他过目，然后决定去留。

到西南来之前，我不经他的同意，把他穿了十几年的一双烂皮鞋扔掉了。他念叨了好久：“那双皮鞋很可惜，我穿着最合脚的……”

可是，他又非常大方。对服务员、来修房子的工人、探家归来的战士，乃至路上、车上随便遇到的什么人，他都很关心，爱问人家生活上有什么困难，经常送钱给人家。经我的手送出的，我连回数都记不清了。

从朝鲜战场回来，他就是用的一部旧式的汽车。后来，有关部门叫去换一辆最新式的，他拒绝了：“这辆还能用，换什么？”我跟他讲了从别人那听来的新车的优点，他说：“世界上好东西多啊，总不能见到什么好就搞过来嘛。”他屋里的家具，只要他认为“挺好”，就别想给他换新的。有一次，我提出：窗帘布旧了，换一下吧！他说：“旧了？老百姓用这样的布做衣服，还不知穿多少年哩！”

我后来也看出来了，他的“小气”只对自己，对别人是大方的；或者说，他在动用人民一分一厘钱财时很吝啬，而对人民分到他名下的一份却总是想多拿出去一些用于人民。

我们不是帝王将相

彭总不喜欢人家招待他。遇到人家大摆筵席时，他先叫我们去算账，用他自己的钱如数付清，并且要看收据，一碟一碗地查对。然后，再请主人和服务人员一同来吃，边吃边讲道理，弄得主人家很难为情。所以，每到一地，我们总是赶忙打招呼，吃饭千万不要超过我们的伙食标准。彭总常当着那些爱请客的人说："什么你请客？人民请客，国家请客！这种风气要不得，慷公家之慨！"表面上看，他有点不讲"人情"，后来我想：他正是对人民情深，有时才会这样声色俱厉，叫人觉得铁面无情啊！

彭总自己也从不给人家办什么招待。他家每年一次盛会，就是春节期间把我们工作人员和家属都请来，摆上一大桌，他自己和浦安修同志给大家敬酒，对辛苦了一年的同志们表示感谢。除此而外，亲友来了，有乐意留下吃饭的，大都是从食堂打来的普通饭菜。

在一个著名的风景区，彭总听服务人员说，哪几座小楼是专给中央来的首长准备着的，哪一级住哪一层楼都有规定，有的楼一年到头都空着。彭总听了，半夜还围着那些空着的小楼转圈。我催他去睡，他不理，自言自语地说：有些人硬要把我们往贵族老爷、帝王将相的位置上推，还怕人家不知道，在这儿修了当今帝王将相的庵堂庙宇咧！

临离开那里，彭总针对这件事，跟当地一位负责同志说：你们也许是真心实意尊重我们，但我也要真心实意告诉你们，我们不是帝王将相！你们这样搞，是在群众面前孤立我们嘛。人们看到这些长期关闭的房子，会怎么想？不骂娘，起码他会觉得我们这些人太特殊了吧！这样搞，又有什么必要？我们来了，住个普通招待所又有什么不好？看看人民住的什么？我们革命，不就是为了打倒压在人民头上的贵族老爷吗？

老帅之间

在艰苦、漫长的战争年月里，彭总和老帅们建立了深厚的革命情谊。

到北京后，朱总司令一有闲暇，总爱走来串门。有时还要在一块吃饭，饭后，要是没有别的事，准有一个人提出："来一盘吧！"我把棋具拿了出来，朱总亲自动手摆好棋子，朝彭总说："来，杀一盘！"

当彭总同朱总聚精会神地下棋的时候，有时互相望着笑笑，有时为了一步棋，竟然天真地争夺起来："君子举手无悔！""好，不悔不悔，先输给你一局，让你三分嘛！""哪个要你让，有多少老力气，全使出来。"这时我们围着观战的，都哈哈大笑起来。

这两位老总亲密得像老哥俩。在中南海同住的几年里，两个人不是你来，便是我往，下棋，散步，说古谈今，总有说不完的话。有次我叫彭总去看电影，彭总说："你去吧！我等朱老总来，同他在一起，比看电影好。"还有一次，朱总要划船玩，彭总说："不行，你掉下去了我保不了险！"朱总说："我保你的险，你掉下去了，我来捞。"朱总说着就往小船上去。彭总对我说："快去叫几个人来，要会水的！真要让朱总司令喝了水，可了不得。"

除朱总之外，彭总和叶帅的往来也很密切。两人中谁去外地，走前一定要去向对方告辞，回来后，一定要交换互相的见闻，见面后说个没完，走时一送再送，十分投契。有时，他们在一块吃狗肉，两家人围席而坐，欢笑之声不歇，气氛很是热烈。

陈老总每次来，平时不大爱说笑的彭总总是笑声不断，连我们也高兴异常。有次陈总问我哪里人，我说："山西洪洞。"他打趣说："洪洞县里无好人。不，你是好人。跟彭老总的还能不是好人?"有一年，彭总出国访问。他把一些准备对外的讲话材料送给当时担任外交部长的陈毅同志征求意见。陈老总送回稿子时，开玩笑似的对彭总说："老兄大作，兄弟拜读过了，很好很好，一字不须添，一字不须删。"彭总说："出了差错。你可要负责!"陈总说："只要你老兄讲出去的，兄弟我一概负责。"陈老总在关键时刻真正表现了一个生死与共的战友的真挚情谊。一九五九年。彭总开完庐山会议回到北京，陈总第一个来看望他。他对彭总说："老兄想开些，大局为重吧！正好利用这段时间，读几年书，有话慢慢说吧!"陈总出门，特意嘱咐我说："小同志，可不能因为他犯了错误就另一个样子，要更好地关照他。"

一九五九年，彭总最后一次出国访问回来。他告诉我们，凡是在国外收的礼物一律清点上交，有纪念意义的送博物馆，吃的、用的交服务处。就在我们清点的时候，他来了，拿起一支猎枪说："这个可以不交，我在国外就想好了，这猎枪要留下。"我说："你又不打猎。"他说："给贺胡子，贺胡子有空的时候爱打猎!"后来，因为急于去庐山开会，这支猎枪才没有找到机会送给贺老总。

彭总和刘帅、聂帅、徐帅、罗帅都十分亲密。我听说，抗日战争期间，彭总和聂帅分在两个地区指挥作战，两人为了交流作战和工作经验，曾不止一次冒着危险，通过敌人封锁线前来见面。彭总在朝鲜期间，每次回国，当时任参谋总长的聂总不仅为他安排工作上的种种方便条件，而且总是记得通知远在千里外的彭总夫人浦安修同志前来北京。

凡事有个例外。我唯独不记得他和林彪有过什么密切的交往，这原因，直到好久以后我才知道了一点。

这样会把我们的家底烧光

彭总是在一九五九年四月下旬出国访问的，在这以前，他在甘肃、湖南、安徽等地视察了很长一段时间。

去甘肃的路上，彭总指着窗外的小高炉群问我们："你们认得那个东西吗?"然后，他告诉我们，这种小高炉有很大的优越性，可以根据本地的原料、燃料等条件，由老百姓自办一点炼铁工业，解决农业用铁；将来还可以用它造土地雷、土炸弹。他把办这种土高炉，比作当年的游击队打麻雀战，可以积小胜为大胜，可以渐渐地积累经验，由小到大，由土到洋。

这一路上，汽车开过一个地方，发现大片成熟的庄稼烂在地里了，彭总叫我们去找当地的干部。找了半天找来了一个老头，他说他们区上正在大放钢铁卫星，所有强壮劳力都去了，还够不上上头规定的人头指标；上头说，各路大军都要为钢铁元帅升账让路。彭总焦急地问："你们难道不想想，庄稼收不回去，来年大家吃什么?总不能吃钢铁嘛!"老头也连连点头："是啊，谁不这样说，这样想?可谁顶得住这个风?除非中央派个大干部来!"

彭总来到武威步兵学校。这个学校的教职员都在炼钢，已经几天几夜没有睡觉，正为夺下多少多少吨而战，学员的学习、训练完全停止了。彭总来到了小高炉前，只见大家眼熬红了，衣服熏黑了，许多人拿着炼出的钢铁来向他报喜。彭总对学员们说："我为你们的热情感动。但对你们的领导这样不珍惜你们的热情和干劲，我要打他们的屁股!"他又说，"假若我们军队，我们的军事学校都来搞这个，敌人就会高兴得跳!因为我们不待他们来打。我们自己就垮了!"

在这个地方的招待所，有两个服务员听说彭总是来视察的，就跑来向他诉说家里的情况。他们说有些房子被拆了，果树也砍了，把木料拿去给“小土群”当柴烧。他们还说，有些煮饭锅也砸了，把废铁拿去当了原料。

这一夜，彭总找来了一些地方和军队的干部谈话。彭总首先严厉地指出了当前出现的一些问题，后来不知怎么他自己也沉默了，闷坐了好久。这些干部走后，他铺开了纸，一直写到深夜。

我记得从甘肃回来的路上，路过河南，正是夜晚，处处都是夜战小高炉的场面，人流车流不断，遍地炉火映天。彭总伏在车窗口看了很久，表情严肃，一声不吭，然后掉转头来问我：“你说，这个办法能叫我们国家从此不受穷？”我回答不出来。他自己摇了摇头：“不行！这一把把火会把我们的家底烧光！完全不是我们脑子里想的那个东西了！”

我要给毛主席报告的

回到湖南视察的时候，彭总到了自己的家乡。他刚到家乡就被敬老院的老人们拉去了。老人们揭开一大锅青菜给他看，菜里只有几颗米星星。彭总看看锅，摸摸床，望着老人们一张张蜡黄的脸，想着这灾年荒月，他在灶边沉默地坐了下来。

“老彭啊，你怎么不说话？我们可不知道你今天来，不是装样子给你看的！”

彭总说：“嗯，我只看你们的脸就知道了。你们这，名字好听，幸福院！什么幸福院？”

老人们都挨着彭总坐下来，和他谈生产、说生活。很快，屋里屋外都站满了人。

"彭总啊!"一个老人说,"你是知道的,我们这里的人,只要是共产党的话就听就信。共产党说办公共食堂,吃饭包起来,我们就把什么都拿出来了。现在,搞成这样子,毛主席知道么?"

另一个老人抱着一个孩子走到彭总面前:"年轻人可以勒勒肚子,老人们可以咬咬牙,娃娃们咧?他们要叫唤呀!"

说着说着,一个个声音暗哑了。彭总也掉下了眼泪。

"老彭啊,你回来就好了,快给我们出个主意吧!天灾我们能对付,有些人兴的那些规矩,改一改不行么?"

"对呀!对呀!"大家要彭总拿个主意。

有的人还提出来:"别的地方不是一亩产十几万斤谷子吗?都是共产党领导的天下嘛,动员他们支援支援我们嘛!"

"我们这里的报纸登的不也是亩产万把斤?"彭总听了,苦笑着问。

"那才是哄鬼的!"大家吵起来了。"一万把斤,地上铺一层要占多少地?"

"万把斤哄鬼,十几万斤还是真的啦?"彭总又问。

大家不说话了,有的人叹气,有的人揩眼泪。

"老彭,你说为何事搞成这样子?"

彭总不答话。

"老彭,明年怎么过呀?"

彭总还是不答话。

"老彭,毛主席知道么?"又有人提出这个问题来了。

彭总说:"毛主席派我来,就是叫我了解情况,我要给毛主席报告的。"

庐山上书

一九五九年七月，彭总出国访问刚回来，中央就通知他到庐山开会。因为旅途劳累，身体不太舒服，他叫秘书代他请了假。后来，毛主席来电话要他去，他就去了。

彭总先是坐火车到汉口，然后坐轮船到九江。开头一段，尽管会议进行得很紧张，他的心情却是愉快的。碰上老帅，问候一完，就说些笑话。清晨，他还去看过云海和日出，傍晚他趁散步的机会，又去看过一些古迹。有时。他异常兴奋地谈起一九五八年春天的成都会议。在那次会议上，毛主席提出了打破迷信，解放思想，倡导敢想、敢说、敢干和"五不怕"的精神。显然，他对那么一个生动的政治局面，是非常向往的。他的情绪越来越好，我暗中庆幸：这次上山，看来对他的身心都是有益的。

不几天，他突然沉闷了，睡前给他送去的安眠药，他叫我放着，躺下后他又起来散步，直到夜深还不睡。看得出，他是在思考着什么重大问题。

一连好几个晚上，他都是这样，每晚给他放的洗澡水，都没有用过。

一天深夜，我见他坐在桌前，桌子上铺着纸，放着笔。我对他说："明天还要开会，休息吧。"他说："你自己睡去，不要管我。"他还叫我新沏一杯茶，要浓一点。我给他送茶时，看到他挥笔在纸上写了两个字："主席"。他对我说：小组的发言很实际，让我想了一些问题。我写封信，把在下面了解到的那些情况报告主席。

第二天早晨，他在院子里打了拳回来，把王参谋叫到跟前，说："我给主席写了封信，你给我抄正。"然后很轻松地挥动着胳臂说：

“有些话会上我不好说，也说不准，都写在这里头了。我有话就要说，说出来就像去掉一块病。”

王参谋把信誊好后，彭总叫他送给主席。王参谋从主席那里回来，他问：“送到了？”王参谋告诉他送到主席秘书手里了。他说：“好，好，送到了就好。这封信可不能掉了。”

又过了一些日子，彭总的情绪明显地变化了。我没有把这种变化同写信的事联系起来。医生告诉我，彭总病了，脉搏不正常。我一想，是啊，这两天，他饭量减少了，也不大说话了。我以为他是熬夜着了凉，劝他检查下身体。他半躺在床上，两手枕着头，睁着眼睛想问题。说：“检查什么？我没病。有病，现在也治不成。”

清爽的庐山变得闷热起来。后来，王参谋忧郁地告诉我说：“出事了！他犯大错误了！”还告诉我，就是那封信出的问题。我一听是这么回事，反而觉得心宽了些。我想，写封信会犯多大错误？就是错了，做个自我批评不就行了？可是，这一天我们警卫人员突然接到通知，不能随便进入会场。彭总走出会场一次比一次脚步沉重，黑红的脸膛也显得苍白了些，晚上再不去看电影了，多年来的散步习惯也停了。老帅们都来看过他，我再也听不到他们在一起高声大笑，一个个心事重重，坐一阵便走了。我逐渐感到问题真的严重了。

隔了两天，浦安修到了庐山。她是自己跑来庐山度暑假的，并不知道庐山发生了什么事，来时，还嚷嚷着到处去走走看看。第二天早起，她的眼睛红肿着，什么话也不说了。彭总的办公室主任正式通知我：首长犯了错误，会议正在解决他的问题，要更好地关照他的生活起居。

听了这个，我心神更加不安了。

不久，彭总把我们工作人员召集到一起，说他写了一封信，受到了严厉批评。他说：“国防部长不会叫我当了。政治局委员、副总理我也不想当了。我要回家种地去了！我给主席作了三条保证：永远不当反革命；不自杀；自食其力。你们放心吧，你们想干什么，向领导提出来。我这里不需要你们了。谢谢大家这几年的照顾!”

我们都不知道说什么好，大家的心情都感到很沉重。

往事的回忆

一九六二年以后，彭总曾经对我讲：“小景，现在我背着里通外国的罪名，连我去农村参加劳动的机会都不给了。我心里有好多话要说，我要写信给党中央，阐述我的观点。你不要在我这里工作了，你要求一下，到连队锻炼锻炼，或者去学校学习吧。不然，在我这里会妨碍你以后的前程。我的名声不好，你在这里也会受牵连。”

听彭总这么一讲，我不由得放声哭了起来。我对彭总说：“我到你这里工作，是党组织派来的。十几年来，你对我深刻的教育，我是永远不会忘掉的。只要组织上叫我在你这里，我愿意跟你一辈子，你哪一天去见马克思，我就回家去劳动。”

彭总说：“我是了解你的。小景，你来这里工作，对党是忠诚的。可是如今我的处境是这个样子，你不要求离开我，难道你就不害怕吗?”

我说：“我不怕，我什么也不怕，不管发生什么情况，我跟着你的决心永不动摇。”

彭总听了我的话，眼含热泪说：“小景，我有你这样的好同志，我感到高兴。”

不久，彭总就给我讲起了庐山会议的有关情况。

他说：“一九五八年，我去过东北、西北、湖南、江西很多地方。大量的事实说明，当时必须反‘左’。否则，我们国家的前途就不堪设想。这个问题怎么提出来，我是经过再三考虑的。如果我们能够承认当时犯了‘左’倾错误，这个错误是完全可以纠正过来的，浮夸风、瞎指挥风就可以煞住，全民大炼钢铁就可以停下来。这样，对全党、全国人民来说是一件大好事。如果不承认当时犯了‘左’倾错误，就会说我的意见是错误的。如果是这样，‘左’的错误不但得不到纠正，还会越来越严重，那将是我们党和人民的一大不幸。

“我在西北小组会上发了不少言。我记得我说过，要找经验教训，不要埋怨，不要追究责任。要说责任，应该是人人有一份。我还说，不建立集体威信，只建立个人威信，是很不正常的、是危险的。

“庐山会议的前一阶段，和我发表类似意见的同志也不少。毛主席对于反‘左’的意见也赞同。我想，为了再引起毛主席的重视，能够郑重其事地解决出现的一些问题，我也用郑重其事的态度给毛主席写封信，主要是把我在西北小组会议上不便讲的，以及没讲完的一些话，写信告诉毛主席。我那封信涉及总路线、大跃进、人民公社的一些问题，涉及党的政策以及某些工作方法问题。

“我认为当时主要应该解决的是‘左’的问题，当然右倾保守的问题也有，但那只是极个别的和极少数的。我想，这些问题如果由我在会议上提出来，会引起某些人的思想混乱。我写信给毛主席，是想让他在会议上强调一下。如果毛主席能提一提，问题就可以轻而易举地得到纠正。我写信给毛主席的目的，就是为了尽早地纠正那些‘左’的问题。我并没有阳奉阴违，也没有想阴谋篡党，也没有反对毛泽东同志。

“那封信只是概括地提出了几个突出的问题，并没有说那些问题产生的原因。我讲不出许多原因。我想，横直是写给毛主席的，请他参考。可是，万万没有想到，毛主席把信印发了。并把我指为右倾机会主义，说我是混到无产阶级队伍里来的资产阶级、小资产阶级民主派。

“毛主席在会上的三次讲话都是反右。毛主席说：‘我们多数派同志腰杆子要硬起来。为什么不硬？无非是一个时期蔬菜太少，头发卡子太少，没有肥皂，比例失调，市场紧张，以致搞得人心紧张。我看没什么紧张的。’由于毛主席持这样的态度，我当时的抵触情绪很大。那天，我一夜也没有睡着，在床上翻来覆去，想了很多问题。我跟毛主席认识的虽然比较晚，可算起来也有三十多年了。过去，我也常常给他写信、送东西，为什么现在就不行了呢？当时，很多人劝我，不能采取满不在乎的态度，不能单从信的方面看，要为全局的利益着想，希望把信的问题抛开。我说，是非曲直由人断，事久自然会明白。后来，我就是不讲话，事实还会讲话嘛，历史是最好的见证。”

讲到这里，彭总问我：“你还记得吗，那天夜里，我从床上爬起来，叫你给我冲一杯浓茶？”我说：“记得。我当时看出你心里很乱，连饭也不怎么吃，外出散步也很少说话。我叫你洗澡，你对我讲：‘小景，我要回家乡劳动去了。你是山西人，你也回山西老家吧’。”

彭总又说：“我本来是管军队里的事，不写信当然可以，因为那是地方上的事嘛。可我是一个共产党员，怎么能看到国家有问题不管不问呢？现在，又有人说我里通外国，我当然要申辩，还要写信。为写信罢了我的官，罢了官我还写。要实事求是，讲老实话。否则，那算什么共产党员。只要是对党对人民有利的事，我就办，我就讲。为了真理，我无所畏惧。”

在吴家花园

锄头一拿　有穿有吃

彭总从庐山回到北京。依然早起打拳，晚上散步，吃睡都显得正常。只是，他已经戒了的烟又抽起来了。

有一天，他又给主席写了一封信，叫我送去，说是要求批准他当农民，到人民公社去劳动。后来，据他说，主席回信不同意，说他年纪大了，参加劳动有困难；勉励他读几年书，每年去工厂、农村搞些调查研究。

后来，彭总住进了北京郊外的吴家花园。搬家前，彭总对我说，上级还是要给他配几个人，问我有什么想法。我没吭声。他又讲道："你这个同志，很老实，工作负责，跟我这些年了，我们也互相了解。但我不好留你，怕耽误了你的前途。"我明白，他是想留我；我也舍不得离开他。特别是在这种时候。但又考虑到他已经免去了在军队的职务，不再是军队上的人了，我留下来，也就得脱军装，我怎么舍得离开人民解放军这个大家庭？我把这个矛盾的心情如实地告诉了他。后来，上级把我和秘书綦魁英同志叫去，通知我们工作不变。依然属国防部管理局管。这样我就留下来了。

搬家的时候，彭总叫我把他的元帅礼服、常服、狐皮大衣、地毯、名家的字画等等，统统上交。他说："凡是当老百姓用不着的，我都不要。”我照他的吩咐，把许多东西都上交了，但留下一些好一点的衣服，悄悄地往他箱子里装。可是，他一个个箱子检查。一件件拽了出来，还是交了公；剩下来的，几乎全都是书。

吴家花园是圆明园旧址的一部分，房子不多，也很破旧，但院落宽敞。院子里，有些凋零了的花草。彭总到新居后的第一件事，就是叫我给他买来了锄头、锹镐之类的小农具。一个黎明时分，在蒙蒙亮的院子里，我听见有人吭哧吭哧地砍什么，连忙披起衣服走出门去，原来是他在砍一棵花树。

“这是干什么？”我觉得很可惜。

“我把这些花花草草都铲了，翻了地，种粮食。”

见我站着不动，彭总又说：“愿干就动手，不愿干就回去，不要凉着。”

“真要当农民啦？”

他拉长声调说：“锄头一拿，有穿有吃！”他朝手心里吐了一口唾沫，说道：“农民，五亿。不是说，五亿农民事关重大吗？”

我于是脱了衣服，跟着彭总一起干起来。

补旧

来到吴家花园，起初组织上还是要给彭总派护士、公务员，他不要。他说：“我没病，要什么护士。现在是个闲人了，还要人家来打扫卫生，料理生活，那真是岂有此理！”

从此，一应生活上的事，如扫地、洗衣服、补衣服，都是彭总自己动手。他的夫人浦安修那时在北师大做领导工作，只有星期日才回来。

冬天来到的时候，彭总找出了他的旧棉衣在廊檐下补着，一边晒着太阳。我看他干得十分吃力，对他说："眼花手笨的，还是我来吧。"他说："你呀，未必有我这两下子。"

我接过来一看，针脚整齐，横是横、竖是竖的，补得就是不错。彭总从老花镜上边看着我，有些得意地说："多多评头论足吧。"就在这次，他给我谈了他的身世。他童年丧母，家庭很穷，他不但要给人家当苦工，还要照管两个弟弟。"那时候，什么活没干过？什么苦没吃过？"彭总感触很深地说："今天，住到这个圆明园，皇帝老倌住过的地方呵！"

他的这身棉衣，是抗美援朝期间有次回国，为了外出方便买来穿上"打掩护的"。质料很一般，外头连罩衫也没有。就是这身棉衣，伴着他在吴家花园度过了六七个寒冬，后来又穿着它到了西南。直到他被林彪、江青派来的一伙人揪上北京，我们最后分别时，他穿的还是这身黑蓝颜色、上头闪着一层油光的土布棉衣。

记不得是哪个冬天了，也是一个风和日丽的日子，彭总在院子里补衣服，我带着家里人照相玩。走过他面前，故意逗趣他说："这位老大爷，照张相吧？"我们都以为他不会干的，还会说"我这个人长得丑"之类的话。谁知这一回。他抬起头来。笑呵呵地坐正了，说：

"照吧！"

笑声中，我给他拍了一张"老人补旧"的照片。

这张照片的主人已经不在人间了，照片本身也在一场浩劫中化成了灰烬，但是当时的情景，却永远留在我和妻子的心里。

一分试验地

彭总真是个勤勤恳恳的农民，他在院子里开了许多块"荒"，种上了各种各样的蔬菜瓜果。还组织警卫人员把原有的小水塘挖深挖宽了，种上了藕，养上了鱼；并且买了小猪、小鸡和小鸭，分给大家饲养；花树砍倒了，满院栽上了果树。这一应农事上的开支，都是他自己掏钱，但所有的收获却又归大家所有。

水塘旁边的那一分地，彭总付出的劳动最多。这块地整得很平整，土质也好，准备种小麦。这是他的一块“试验田”。他亲自丈量过土地的面积。我问他：“干吗刚好开一分地?”他说：“既然是试验，就得讲个科学。一分地好算账。”

彭总在这块地边挖了一条三尺多深的沟，然后按这个深度把这块地翻了一遍，每个土疙瘩都敲得粉碎，又用手捏过。我说：“种庄稼的都像你这样深挖碎捏，一个人怕就只能种两三分地啰!”他说：“这一分地神啦，少说能产千把斤、几千斤，我和你够吃几年咧。”我忍不住笑了起来。他问：“你笑什么?”我说：“你在说梦话哩。”他指着我的鼻子：“不相信？好！你也是个右倾机会主义者!”我们都哈哈大笑起来。

我们坐在地边休息。彭总告诉我真话：“人家说深翻我就深翻；说多下肥我就多下肥；说密、说水，我都照着做。我睏在这块地里了，我看一亩地到底产多少斤。”我明白了，他种试验田是冲着当时的“浮夸风”来的；他对报纸、电台说的这里那里粮食亩产上万斤甚至十几万斤根本就不相信。他要用自己的实践来证实他的怀疑，是不是真的右倾了、保守了、给群众头上泼冷水了?

为了积肥，彭总不再在有抽水设备的厕所里解手，自己买了一个痰盂，每天早晨都见他端着这个痰盂走向后院的粪池。后来还买了个桶，要大家“支援”他。

一天早晨，警卫班的一个战士跑来告诉我：彭老头（那时我们常这样称呼他）下水塘捞鱼去了。我赶忙跑出去，见彭总两脚糊满了漆黑的污泥，身上也弄脏了好几大块，正踩着池边起皱的浓霜，提起一筐塘泥走上岸坎来。我跺着脚大喊：“嗨！这么冷，小心脚……”彭总的脚是在西北战场上冻伤过的。听人家说，那是一场大战过后，一个战士困倦已极，倒在雪地就睡着了。他把大衣脱下盖在战士身上，没想到自己也睡过去了，直到被雪花盖住冻醒过来。这些年来，凡是气候突然变化的时候，彭总的脚就酸涩胀痛。前不久，我还见浦安修拿艾条给彭总灸烤。现在，这么冷的天，彭总却脱了鞋下水去挖塘泥。我顾不得讲究方式了，夺过那个满是污泥的筐，甩向一边，说：“搞啥名堂！快穿上鞋子吧！”

彭总朝我一个劲挥手：“你不懂！你不懂！干活的不会冻脚，停了才要冻坏哩。”他跑去捡工具时，我看见他的一双脚在地面上打战。

我没法，只好脱了鞋下水。接着，秘书老綦和司机老赵带着警卫战士来了。大家“强迫”彭总洗了脚在岸上接泥。一会儿，他真的累出汗了。太阳出来，霜冻消融时，彭总望着一大堆塘泥说：“池塘挖深了，肥料也有了。今天一天就能晒个半干，把它上到我们的麦地里，肥得很哩。”

这分地，到春后庄稼长得密密蓬蓬的。快收获的时候，彭总成天在地边守护着，不让麻雀儿去偷嘴。最后真正做到了颗粒归“筐”。一过秤，九十来斤。彭总说：“一亩地，八九百斤。算我们功夫不够，加一倍，亩产两千斤，顶天了！”

同农民交朋友

彭总的交往也变化了。

到吴家花园不久，彭总交了不少农民朋友。几年里，彭总和他们你来我往的，像走亲戚一般。

起先，乡亲们不认识彭总，见他对农事感兴趣，他们干什么也常帮着干，只觉得亲切。有天晚上，彭总和一个老头在田坎上抽烟闲聊。那老头问：“老同志，你是农科所的吧？”他说：“不！我在家的时候干过农活，几十年不干了，荒生了，现在想重新干干，来向你们学习的。”

“你贵姓？几十年都在干啥？”

“我姓彭，几十年都在打仗，干军队上的事情。”

“哎呀！”老头惊诧不已，喊道，“你姓彭呀？莫非是彭老总呀！”

“我姓彭不错，可不是老总啰！”

消息传开，附近几家人都涌出来看彭总，都要拉他进屋里坐坐。彭总坦然地说：“我现在是个有问题的人，以后在田头向你们学点手艺，希望乡亲们不要嫌弃我。谢谢大家，你们屋里我就不去了。”临别时，彭总告诉他们家住哪里，请他们去做客。

过了一些日子，彭总见没有人来他家串门，就再次向一些老头子发出邀请。大概有人告诉彭总，我们院门口的哨兵不让他们进来。这下可把他的火气引发了：“你们不让我见群众，我就给毛主席写信。我不在这里受憋，我要回家当农民……”我向彭总解释，哨兵不让老乡进来，是出于好意，执行哨兵的职责嘛。我还向他保证：以后只要我们认出是这里的老乡，随来随请。这样他才消了气。

以后，我们院子里就热闹了。老的少的、男的女的，都来串门。婆媳不和、两口子打架，也来找彭总断是非。有一次，一个妇女把个生病的孩子也抱来请彭总看。我向她解释彭总不是医生，她坚持说：“让好人摸摸脉，没有坏处。”

中南海放电影的人也经常想到彭总。他们对我说：“只要彭总想看电影，你打个电话来就行。”放电影的时候，彭总自己把小凳子一排排摆好，叫我们去请老乡来。开始，我们给彭总摆了一张大皮椅在中间，他硬叫搬开。每次看电影，彭总都和乡亲们坐在一样的板凳上，还自己提着水壶给放映员和老乡们倒开水。

中南海管理局的人也十分关怀彭总。我们院里原来的自来水有些苦味，他们派人来专门打了一眼很深的机井，水质很好。彭总跑去告诉附近的群众："你们来我那里担水吧。"从此，担水的群众络绎不绝。但是从大门进来，要绕一段路。彭总见了，说这事还没办彻底，又叫我们在墙外装了一个水龙头，把打出的井水引出来。这样。群众用水就十分方便了。

一九六三年，一连下了几天几夜的暴雨，住地周围成了一片汪洋，我们院子里水深及腰。彭总头顶雨布，打着赤脚，蹚着深水到附近农家去探望。对一些房屋有倒塌危险的人家说："到我那里去住吧，我把南屋腾出来了……"吴家花园附近的许多居民，至今都还记得！

高墙挡不住

在吴家花园住着一个警卫班。彭总"避嫌"，很少到警卫班去，也从不长篇大论地给战士们讲什么。六年多的时间里，这个班的人换了好几批，有的调走，有的当干部，有的复员还乡，但是，几乎每个人，临走时都要来向彭总告别：首长，这三年你给我们的教育，我一辈子都记得。

各种蔬菜瓜果成熟了的时候，彭总都叫我给战士食堂先送些去，请战士们尝新。有一次，我送去一篮鲜嫩的茄子，战士们把它放了好几天，舍不得吃。班长感动地对我说："我们都亲眼看到的，这是首长辛勤劳动的果实啊！要是我有办法把一个茄子保存下来，我就要把它永远带在身边，给我家里的人看看，给所有的人看看。"池塘里的鱼长大了，彭总也是叫警卫班先打来吃。每次，战士们吃到他送的这些东西，心情都很不平静。战士们和他告别时的眼泪，代表的是他们的千言万语啊！

许多战士行前请彭总作指示，他总是说："我的话不能叫指示，我希望你们，好好学习马列主义、毛泽东思想，学点真本领，脱了军装也要给解放军争光、争气，不管干什么，都要把全身的气力使出来，为人民服务！"也有人要彭总在本子上题字留念，彭总说："不要把我的名字写在你们的本子上，我这个人名声不好，不要惹你们的亲人朋友见怪，不要给你们自己添麻烦。"

战士们回乡后，常常给彭总来信，还有的从河南等地专程赶回来看望他。

最困难的那一年，有天早上哨兵报告，有个提了一条大鱼的军人，来在门口把鱼往门口一放，说："告诉彭总，解放军战士给他送来的，他就知道了。"我把这事转告给彭总，他说："我没叫谁给我送鱼呀！"警卫班的同志担心坏人搞鬼，不敢拿来吃。彭总笑了笑，说："我把它收下了。"

后来，我们还陆续地收到过不留姓名的人送来的许多东西。有一次，送来一桶茶油，炊事员看了看，说是湖南的特产。又有一次，送来一袋大米，六十斤，有点发红，做的饭特别香，还是炊事员鉴定出来的，只有江西才出这种米……彭总把这些东西大都送给了大食堂。这些东西，自然是忘不了彭总的人送来的，而吃了这些东西的人，也一定会永远忘不了彭总。

他爱孩子

彭总喜爱孩子，有很多有趣而感人的故事。

在吴家花园，虽说彭总并不灰心丧气，但心情终究比不得从前。读书、劳动、散步的时候突然发一阵呆，黄昏时，莫名其妙地站在大门口。但是，只要见到孩子，他顿时眉开眼笑，好像一切的烦恼都立刻飞到九天云外去了。秘书綦魁英、司机赵凤池，还有我，那时我们都有一个刚会学话的孩子。三个小东西成天绕在彭总膝前，给他消愁，也“消”了他不少的糖果、饼干。

老綦的女儿芳芳，两岁时得了肺炎。经过一段治疗，肺炎好了，却留下了后遗症：耳聋了，口哑了。彭总焦急起来，他请来了名医。每次都是他抱着芳芳给医生看，还自己拿钱给她买药。这样持续了好些年，芳芳的聋哑症状并未消除，但在她心里，却深深地印上了彭总的影子。后来，芳芳大了，识字了，只要在什么地方见到彭德怀三个字，她就难过地低下头去，眼泪花直滚。

我们的孩子都是在刚会走路的时候，就跟着彭总到地里去识别麦子和杂草，“哇哇”地吆喝偷嘴的麻雀，懂得爱惜粮食。有一年，彭总手把手教他们一人种了一窝南瓜，告诉他们说：“给瓜藤浇水、上肥，就像人吃饭一样，吃多了不行，吃少了也不行。”彭总亲手给他们的瓜藤搭了架。不久真结出了好些大南瓜。于是，每天去看瓜，就成了这一老数小最开心的事。

彭总对不认识的孩子，也是异常钟爱的。我们住地附近的居民潘金荣的小女儿，用一块布包着书本上学。彭总看到了，便问孩子：“你的书包呢?”孩子说：“妈妈说，过了年才给我买。”彭总知道潘家孩子多，生活困难，很想送给孩子一个书包。但孩子很懂事，总是说：“妈妈说，好孩子不要别人的东西。”彭总听了，十分尊敬这位妈妈，也更喜欢这个孩子。后来。接触的日子长了，小姑娘信任他了，更加亲近他了。两人建立了友谊，彭总这才高高兴兴地带着孩子上商店，给她买了书包、钢笔，还给她买了一条鲜艳的头巾。

陈家的孩子来挑水，人比水桶高不了多少，走起来，桶底挨着地。彭总问明了陈家的大人病了，便和孩子相约：你每天按时来，彭伯伯给你挑。可是，说什么孩子也不让。彭总就在孩子挑水的时候，悄悄站在他身后，用两手托着扁担。这样来，比挑水还吃力。孩子不得已，只好把扁担交给了彭伯伯，从此，彭总多次把水挑进病人家。

彭总自己没有儿女。他在中南海住时，有几个侄儿、侄女和黄公略的女儿、左权的女儿跟在身边。他对他们，视同己出，关怀爱护，无微不至。在彭总的严格要求和耐心教育下，几个孩子都接下了老一辈无产阶级革命家的好作风，学习努力，衣着朴素，很讲礼貌。彭总从来没有用汽车接送过他们，也从不叫工作人员去为他们办什么事，从小让他们学会自己料理生活。但他又是个真正的慈父。孩子们游泳后，他都要求用冷水冲洗，但又觉得水温过低。担心着凉，便接上一盆盆冷水晒在太阳下，等着孩子们回来。在吴家花园时，他的一个侄女从部队复员回来，安排的工作地点远了些，但是上班不能马虎，他要求她必须按时。这样，吃早饭就等不及了，而他又不让炊事员受累，于是每天提前起床，为她生火做饭。

彭总曾对他的孩子们说："你们也长大成人了，各自为人民干一点事去吧！我这里不要来了，有困难的话写封信来！"但孩子们还是常来，有时还带了自己的爱人和孩子来。每次来，彭总都是说："你们又来干什么？要努力工作，要替我为党为人民工作！"

自然，彭总的心里是非常惦念他们的。有时，孩子们被什么事绊住了，没来或者来晚了，彭总就久久地站在门外，忧郁地望着暮色中的汽车站。

坐公共汽车

国内经济生活开始好转时，彭总的情绪也开始好转了。有一天，我陪他散步，走到一个公共汽车的中途站，彭总突然提出：“我们坐一会公共汽车，好不好？”我问：“你要到哪？”他说：“不到哪，随便走走。”我请彭总戴上口罩，还把帽檐给他往下拉了拉。彭总像孩子似的高兴起来，搓手擦脚的，挤进了排队等候公共汽车的行列。

上了公共汽车，来到农村的一个集市贸易地点。彭总这里看看，那里问问，不外乎鸡蛋怎么卖，红薯多少钱一斤。有个卖东西的要彭总出个价钱，彭总说：“我不买，只问问。”那个人白了彭总一眼，彭总忙扭头问我：“带钱了吗？”我摆了摆手。他说：“可惜！可惜！”

后来，彭总找到一个卖鸡蛋的老太婆，和她攀谈起来：“卖了蛋买什么？”老太太说：“买头小猪。”彭总又问她：拿什么喂猪，村里多少户，养多少猪……老太太笑眯眯地向他夸赞起“新”政策来了：“他大哥，只要我们喂猪，肉管吃。”彭总连连点头说：“对，大养其猪对！大养其猪对！”

当彭总逛了集市，搭乘公共汽车往回返的时候，正赶上散集，等车的人排了更长的队伍。彭总说：“好多的人啦！这要等到什么时候？”他又同排队的人聊起来。人家告诉他，到了星期六下午，队排得更长。彭总点了点头，又转身对我说：“难怪梅魁她们星期六回来得晚，等上一趟车不容易啊！”

这天，彭总回到家的时候，十分高兴，说：“今天你算开恩了，让我坐了趟公共汽车，增加见识不少哇！”

再次回湖南

一九六一年冬天，彭总给毛主席写了信，要求回湖南看看。不久，中央办公厅答复说，毛主席同意了。中央办公厅还派了一个同志给他做秘书。他对我们说，他准备在他家乡住几个月，调查一下上、中、下三种不同情况的大队。

在湖南，接待彭总的是省委书记兼湘潭地委第一书记华国锋。华书记从长沙陪同彭总到湘潭，一路上，向他介绍了很多情况。华书记如实地讲了“共产风”、“浮夸风”给生产建设和人民生活造成的极大危害，也讲了正在采取的措施。华书记为了给彭总下去调查创造条件，各方面都做了周密细致的安排。

彭总回到家乡一看，他家的老房子都重新整过了。从地委招待所运去了崭新的被褥和一些日常用具，使我们感到吃住都很方便。后来我们了解到，华书记派出了省、地、县各级公安干部，精心负责彭总的安全。我们随行工作人员很是感动。“文化大革命”中，华国锋也为这事受到了牵连，居然有人来找我们了解：华国锋和彭德怀是什么黑关系？

那次，彭总的调查遇到了我们谁也没有预料到的情况。就在第二天早上，我刚醒来的时候，便听到外头人声嘈杂。原来是群众听说彭总回来了，都要来看他。执勤的干部不让群众进屋，说要请示。老百姓才不听这套，自己闯进来了。头批还没走，后头的又挤上来了。彭总只好来到屋外禾场上同乡亲们谈话。群众围着他，七嘴八舌的，有的说这个，有的说那个。一整天，彭总没有坐过。我给他端了一条板凳去，却怎么也不能叫他停下来落座。有个白发老人一边往禾场上走来一边喊：“德怀，德怀，你回来了！你在哪里？”他们见了还不算，还要摸摸他。

快到中午的时候，我对群众说：“乡亲们！大家歇会儿，让彭总把饭吃了再说话吧。”乡亲们听懂了，说：“让他吃，让他吃，我们等他吃了再说话。”

彭总回到屋里，坐在桌边，哪里吃得进去？彭总问他的侄儿：“他们吃饭了吗？”侄儿答道：“好多人是从好远好远的地方来的，半夜就起身了，哪里吃饭？可是这么多人，我们家也招待不起呀！”

彭总为难了。他想了一阵，向地委的一个同志提出，能不能帮他买一点粮食，让他招待远地来的乡亲吃一顿饭。

这天下午，从远地来的一部分人留下吃了一顿饭，用了一百多斤米。第二天，第三天，来看他的人更多了。几天吃米五百斤。后来，饭是招待不起了，但人群还是不断地涌来。有许多人是从几百里外的其他各县赶来的。

彭总只好同意派人到半路上去劝阻。可是劝阻不住，有的地方还吵了起来。没法子，彭总只好离开他的家外出调查。可是，无论走到哪都跟上一大群人。彭总问别人的少，别人问他的多：“这几年，你到哪里去啦？”“身体还好吧？”……这样，跑了几个地方，彭总不想再走了。他对我们说：“行了，我不能住了，回去吧。”他在家乡只住了二十几天，便离开了。

临行的那个晚上，彭总把我和老赵叫上，打着手电筒去看了看他的亲戚邻居。每走一家，彭总先把老老少少都看看，再望望缸里有米没有，床上有被没有。对缺东少西的人家，他都留下一点钱。挨家挨户走了十多家，天就快亮了。到动身回城的时候，群众又赶来送他，有的拉住他的手，有的牵着他的衣角，恋恋不舍地让他上了车。车缓缓地开出老远，我回过头去，还望得见乡亲们一动不动的身影。

事情过去十几年了，我对彭总这次回乡的情景仍然历历在目。

现在想起来，还使我深深地激动。

二十多箱书

彭总的家，好比书屋。桌上、床上、柜子里、箱子里，到处是书。他说："别看我是个粗人，我可知道孔夫子的用处。"他把孔夫子作为了书的代名词。从中南海搬出来，这也要交，那也要交，独独一再叮嘱我："书，一本也不能丢!"现代的、古代的，平装的、线装的，搬来吴家花园，装了二十多箱。后来他又买了一些，还在杨献珍那里要了一些。于是，他的新居又成了图书馆了。劳动之余，他就钻到书堆里去了。

那时候，劳动和读书，成了彭总主要的乐趣。他读到什么称心之作，常拿起书本，举在空中，迈着有弹力的步伐，喊着："好呀！好呀！对极了！我拥护!"有一次，我请彭总吃饭他不理不睬，拍着一本什么书说："不对不对，这个仗根本不是这样打的!"接着就指着书上的作战示意图，跟我讲起来。讲着讲着，他生气了："歪曲！歪曲！纯粹是歪曲!"可惜，我当时没留意，不然，我今天可以告诉那个写书人：彭总对他的大作可有意见了。

为了多读点书，读得更好，彭总常到高级党校去找老师。党校负责人指定了两个教员，辅导他学习政治经济学。他还注意研究农业，常给我们谈他的学习心得："干什么光凭好心肠不行，得先学习，先调查。"他亲自参加农业劳动，到住地附近访问，又去湖南调查，都是闲中不闲呀！他把亿万农民的甘苦装在心里，时刻准备为改变我国的面貌出一把力气！

彭总不仅自己学，也督促我们学。常说："你们在这里事不多，正是学习的好机会。可是你们呀，就是爱吹牛皮……"他还跟我说过："有的人只爱他的命，却不爱惜他的时间。时间都白白地过去了，他那条命除了用来吃饭屙屎，还有什么用咧?"所以，我从不敢在彭总跟前偷闲。彭总当国防部长的时候，曾经给我规定过："出去要带书报。我去办事，你就在汽车上学习。"有的时间，碰上我们正上文化课，彭总又要外出，若是事情不紧急，他就说："我等一会，别耽误你听课。"彭总去高级党校学政治经济学时，也叫我坐在一边听。我说听不懂，他又请党校领导把我和司机安排到文化班。回来，彭总不但检查我们的学习，而且帮助我们逐字逐句地批改作业。

有一次，我们学习了《朱德的扁担》。彭总问我："这一课是什么意思?"我说："这一课简单。"立刻给他复述了教员讲的中心思想，段落大意。他听后，说："这一课才不简单哩。我看你还不懂，差了十万八千里。"接着跟我讲：这条扁担说明了我们中国共产党是干什么的，说明了我们共产党的领导、我们的干部和旧社会官老爷的区别。一个共产党员，不管他地位多高，权力多大，都是人民中的一分子，应该和人民同甘苦，按人民的心意办事情，人民靠扁担挑粮吃的时候，我们不能坐着吃现成的；人民肩膀上还压着扁担的时候，我们不能自己躲到一边去图清闲、享清福。彭总还说：学文化不是为了学几个字记豆腐账，是为着学一门本事为人民担责任，学出一个好脑袋为人民想点问题。

正是那几年，在彭总的影响和督促下，我才学了点文化，读了点书。可是，离他对我的要求太远太远了。

彭总的二十多箱书，后来又随着他全部搬到了西南。可惜，在彭总被揪上北京后，他的屋子被抄得一塌糊涂。那些经他圈点和批注过的书，绝大部分都"飞"了。

“我们以后会说通的”

庐山会议后，彭总还担任着中央政治局委员和国务院副总理。党中央和国务院仍然给他发文件，每逢国庆节还是通知他去观礼。观礼他没去过，对文件却看得很仔细。有一次，他看了调整国民经济的“调整、巩固、充实、提高”的八字方针，叹了口气说：“是咧，早就该调整了。在庐山会议上，比例失调这问题就扯过了。”但是，他并不泄气。更多的时候，我见他从文件上抬起头来，望着窗外的天空，眉头有时松开，有时紧皱，有时又陷入沉思。发脾气的时候也有过。一次，送来了一个会议的文件，上头不知说了些什么，彭总气得暴跳如雷，叫住我说：“你给我去买纸，我要写信，我要把我的一生写给毛主席！我的错误、我的想法，一条都不隐瞒。”我一听又要写信，就不愿意给他纸。他又慢慢平静下来，放缓了语气跟我说：“小景，人家说我里通外国啊！嗯，我不向毛主席说清楚，你叫我把这个罪名背到棺材里去么？”他又激愤起来，放声哭了。

我跟彭总十多年了。在朝鲜战场我跟他一起挨过敌人的炮弹，在海边防我跟他一起承受过暴风雨的袭击，庐山会议后，我又长期分担着他的焦躁不安和冷落寂寞，但是我没有见他流过泪，别说放声痛哭了。“里通外国”？这是一个什么样的罪名啊！别说对彭总，对我们这些长年跟随彭总的战士也是一个侮辱啊！我没有什么可以犹豫的了，立刻给他买来了纸张。彭总着手写信了。一连写了几十天，写了厚厚的一叠①，

---

① 因为彭总这次写的很多，估计有八万字左右，所以后来人们称彭总这次写的东西叫八万言书，也有叫万言书的。这跟庐山会议上彭总写的信是两回事，那封信还不到四千字。见《跟随彭总》，辽宁人民出版社 1984 年版。

然后请秘书老綦和司机老赵给他抄写。彭总说："我写的都是实话、心里话，写出来了，见马克思也心甘了。"

彭总叫我坐在他的身边，把手放在我膝头上，轻轻拍着说："小景，我想过了，若是为了我彭德怀自己，写不写信，申不申冤都没多大意思。我是在想，我是一个党员，我是一个老兵，心里有什么，能不向党掏出来么？敢于说话，这是一个党兴旺的好风气咧。你怕什么？我们都保卫过延安，保卫过毛主席，要说打仗，这也是打仗啊……"这段话感动了我，也鼓励了我，我终于鼓起勇气把这封信发走了。

谁想到，后来这封信株连的人可不少。"文化大革命"中，林彪、"四人帮"控制下的一个专案组把我和老綦搞去，一个劲追问：谁看过这封信？彭德怀写这封信的时候谁去过？我们说，不知道。真的，我们现在也不知道他们问的这些事。但我们知道他们为什么对这封信恨之入骨，为什么他们一伙对这些事追得那么紧。因为，我听老綦、老赵说过：彭总的这封信里揭了一些人的老底，指名道姓说了哪些人不老实，他对哪些人的怀疑。

彭总写过这封信后，同我谈到重大的政治方面的问题比以前多了。我印象最深的，是每当他谈到他对毛主席的态度时，总是充满了深切的怀念和崇敬之情，谈得非常真诚、非常激动。彭总说："我没见过像毛主席那样能把马列主义讲得那么深透易懂的，没见过他那样学问渊博的。我每听他谈一次话，好多问题都清楚了。我不想对别人说的话，坐到他面前就不得不说出来。"我问他："过去在井冈山、在延安，你也给毛主席写过信？"彭总说："那个时候写什么信，有问题，跑到他那里，想说什么就说什么，又不打个什么稿子，和他争吵、怄气的事也不是没有呀。"他一再充满信心地说："我们以后会说通的！"

再点将

一九六五年秋天，彭真同志在人民大会堂代表党中央接见彭总，向他传达毛主席的意见，要彭总到西南领导大三线建设。彭总回来时，对我说："我没答应，我不懂工业，也不想搞和军队有关的事（他指的是军事工业），因为我早和军队脱离关系了。"后来彭总寄了一封信给毛主席，还是要求调他到国营农场去，说他还是愿当农民。

过了几天，大清早，毛主席亲自来电话了。毛主席对彭总说：你来吧，我等你。彭总知道毛主席有夜间工作的习惯，说：你工作了一夜，休息吧，我另找个时间来。毛主席说：你这个人，叫你来你就来嘛，我们好久不见面了，你快来，我们好好谈谈。彭总只好立刻赶到中南海颐年堂去。这次我跟彭总去了。车子一到，毛主席已经在颐年堂外等着了。彭总急忙迎上去，同毛主席紧紧地握着手。

毛主席说：你这个人啦，平时总不来。写信是不写则已，一写几万言。

两个人都发出了笑声。然后，毛主席拉着彭总的手，两人肩挨着肩，进了颐年堂。

我心里真是一块石头落了地。高兴地想着：两个老战友终于又见面了！我和司机在外面等了约两个小时，快近中午的时候，有人来领我和司机去吃饭。我们正准备往食堂去的时候，就看到朱总司令、小平、彭真，还有陈老总等人的车都来了。他们的警卫人员有许多都是我的老朋友，见了面，一拥而上，捶打着我的胸脯和肩膀："你小子，这些年钻到哪去了？"他们指指彭总的车，问道："又出来了？是吗？太好啦！"

到了下午三点多的时候，毛主席、周总理、朱老总等首长送彭总出来，每个人都和他久久地握手，送他上车。

在车上，我看到彭总红光满面，微笑着。我问他："喝酒啦?"他说："喝了！毛主席点了我的将，我同意去西南。他请我喝酒，我就喝了几大杯。"彭总平时是不大喝酒的，最多一小杯，半两不到。这次喝了那么多，那是高兴啊！

接着，彭总告诉我："毛主席把我说通了。今天我们两个都讲了好多好多的话。主席讲了历史，讲了我们革命到今天不容易，大家要团结，要齐心协力发展革命的胜利，建设好我们的国家。主席说，我们共事几十年了，不要庐山一别，分手分到底。我们都是六七十岁的人，应当为后代多想事、多出力。庐山会议已经过去了，是历史了，现在看来，真理可能在你一边……"

往后，无论在去西南的路上，或者在西南各地视察，尤其是又受到别人的误解，直到看出林彪、"四人帮"对他露出杀机的时候，彭总向我不知多少次地谈过毛主席对他的这次接见，感情深重地回忆着毛主席对他说过的每一句话。我体会得到，他是多么感谢毛主席对他这一生的帮助和教诲，多珍惜两个老战友又"说通了"的那次难得的会见！

他说过，毛主席一见到他，就提起了他在吴家花园写的那封信。问：你为什么不打个电话来，写个纸条来，花那么大的工夫写长信干什么？你费了力气，我也看不大懂，彼此都不满意，何苦？我们还是谈谈，吵架可以，骂娘也可以，你有话可以说。你还是政治局委员么，你还是我们的同志么！

毛主席还说：历史上，真正的同志绝不是什么争论都没有，不是从始到终，从生到死都是一致的！有争论、有分歧不要紧，要服从真理，要顾全大局，大局面前要把个人的意见放一放。

毛主席说，我送你几句话——既往不咎，意见保留，努力工作，作出成绩，必要时再带兵打仗去。

毛主席针对彭总自己说的“臭了”，批评了他，要他不要发牢骚，不要把事情弄得一成不变的，真臭了也可以香起来。还说：对你的事，看来是批评过了、错了，等几年再说吧。但你自己不要等，要振作，把力气用到办事情上去。毛主席还说了：我没有忘了你，这些年我一直在想你的事。你也不要记账，日久见人心，我们再一起往前走吧！

给彭总谈工作的时候，毛主席还特意对在西南工作的一位负责同志说：“彭德怀同志以后给我写信，你们要快点给我送来。对他没有什么可保密的，他要到哪里去就到哪里去，要看什么就看什么。要对下面说，多创造条件，方便他的工作。”

从中南海出来，一路上，彭总都很高兴。只是谈到毛主席的健康的时候，他才收住笑容，担心地对我说：“我好久不见毛主席了，他比前几年老多了，头发白了好一些。他太忙了！这样大的一个国家，担子够他担了。”

回到吴家花园，彭总便忙着打点行装。由于动身太急，他的夫人浦安修未能随同前往。老夫妻俩约定以后在西南见面。但是，“文化大革命”很快开始了，这一愿望未能实现。后来我才得知：直到一九六七年夏天，彭总被拉到北师大批斗时，浦安修也被拉去陪斗，老夫妻才得“重逢”。而这次“重逢”，也就成了他们这对多年相处、十分和睦的老夫妻的永别！

后来，到了西南后，面对动荡不安的形势，彭总想起临别时毛主席的吩咐，曾经含着泪给毛主席写了几次信。信一寄走，他在屋子里走来走去，总是一遍又一遍地叨念：“天知道，能不能到毛主席手里啊！”

在大西南

初到

一九六五年十一月二十八日下午，彭总乘坐直达快车从北京出发去成都。他常把我们的孩子喊到他的软席间。“就在这儿吧，人多热闹。”一路上，他和他们说说笑笑，说四川是个好地方，有雪山草地……

到成都是三十日的晚上。到了一个新地方，彭总掩不住自己的高兴。他亲自提着一个旅行包走出车站来，边走边东张西望，把一只手伸在空中试着气温说：“很好很好！你现在信了吧？四川这地方气候很好，冬天不冷、夏天不热，天府之国啊！”

第二大，彭总住进了成都永兴巷七号一个独家小院。当彭总知道这是一位省委书记给他腾出来的，他很不安，一再对建委的人说，他不需要这么大的地方，随便在办公的地方安个床铺就行了。建委的人说，房子已经腾出来了，你就住下吧。

新住所离闹市很近。一天早晨，我们都还没起床，彭总便溜出去了。回来的时候高兴地对我说：“市场丰盛着哪，这几年这个地方工作不错，恢复过来了。”我埋怨他不该一个人乱跑。彭总装作没听见，只顾说他的：“不远的地方有个小巷子，专卖好吃的，好远的地方就闻到香味了。你知道吗？川味可有名啦。什么时候我们也去尝尝。”后来，彭总真的把我带到一家小食店，炒了几个菜，吃了一顿。他吃得很满意，连声称赞“名不虚传”！还说：“四川人和我们湖南人口味差不多。”他还跑到各个桌边，看看这，问问那，他是在调查这里的市场供应和物价情况哩！

彭总初到四川的情绪是好的。但是，人一到“棒子”也就跟着来了。到成都不久，有一次，我走进彭总的宿舍，只见他一拳击在报纸上，骂道：“简直是胡说八道！”

我忙问：“到底怎么啦？”

彭总一把推过报纸，颤抖的手指着一行标题说：“你看，你看！”

我接过报纸，匆忙扫了一眼，是《人民日报》转载的姚文元那篇《评新编历史剧〈海瑞罢官〉》。我这才明白了一点，大概是这篇文章伤了他。我对彭总说：“反正是文章，不是中央文件。我就不信，一篇文章能把天捅个洞！”

彭总冷静一些了，坐下来，给我讲海瑞是什么人，吴晗是干什么的。姚文元又臭又长的文章表面上评的是一个戏，其实是打他彭德怀的耳刮子。彭总还给我念了几段，我也听出了文章中确实是话中有音。

我问：“这个吴晗你认识？”

这时，彭总笑了。“怎么，你也认为人家吴晗是在给我打抱不平？这个人，我见过，可没有过交往。人家写一个戏，是不是这个意思，我看不见得。自古宣扬忠臣良将的戏多着嘛，怎么能这样疑神疑鬼？”

彭总在屋里踱着步子、抽烟。我把文章看了一遍。越看，越是感到一种不祥的预兆。也许，又有一场什么风暴要来了，彭总可能又要首当其冲？我的心头像压着一块大石头似的。

沉默了一阵之后，我终于说了：“真不好办，中央派你出来工作，报上又来这一套！”

彭总凄然一笑说："有什么法子？无非是再来一次批倒批臭。其实，哪有一人真是批臭的，只要自己不腐烂就好。"他摔掉烟头，昂起头来说，"不管他，我们干我们的。明天继续听各局的汇报。过两天我带你去看一个很大很大的工厂。"

在建设工地

建委的汇报会一完，彭总便出发到各地视察检查工作去了，直到第二年七月中旬。"文化大革命"开展起来，他奉命返回成都。半年多的时间里，他只在成都短暂地开过几次会，其他时间都在建设工地上转。他走遍了从四川西部的金沙江到贵阳之间的广大地区，看过这个地区的几乎每一个重要的工厂、矿山、水电站。他口问笔录，从这些单位的原料、燃料、产品、运输等情况，一直问到职工的思想、工资、住房、家属安置、子女上学等各方面的问题。

那时，大三线还处在初创时期。在成昆线上，在新兴的工业基地，到处是一片竹席工棚、干打垒的土房。彭总下了车，就到这些地方去问、去看、去听意见；也给大家讲西南大三线建设的战略意义和灿烂前景，鼓励大家把大三线建设好。他每到一地，都是和工人们住一样的房，吃一样的饭；哪儿最艰苦，他就到哪儿去亲身体验一下。正在打炮眼的高崖上他去过，随时可能塌顶的深洞工程他去过，头上一股股大水流着，脚下是深泥潭的隧道工地他也去过。好几次，彭总被人认出来了，工地立刻欢腾起来。有次，一位铁道兵的干部振臂向大家呼喊："同志们，我们的彭老总历来是走到哪便把胜利带到哪！这回，我们大三线的会战一定胜利，大西南一定会很快成为祖国强大的战略后方！"彭总听了这话很高兴，回到住所，笑眯眯地对我说："那个小伙子一声吼，我一下子觉得自己年轻多了哟!”

毛主席的信托、宏伟的建设场面、工人和战士们的热情欢迎和鼓励，确实在这个身经百战的老将身上焕发起了当年打仗的那股劲头。在汽车上，彭总不断地拍着司机的肩膀：“快一点，快一点!”其实，司机已经把车开到最大速度了。

坐长途车是很累人的。可是那时已经六十七岁的彭总，白天到达目的地，便工作到深夜；深夜到达目的地，他立即把当地领导找来谈情况。他经常合上人家的本子，说：“你不要照本宣科，知道什么说什么，想到什么说什么。”多少个更深夜尽时，我实在坚持不住，听着听着便睡过去了；醒来时见他还在继续谈话。有一次在汉源，彭总自己跑到药店去问治嗓子痛的药，我知道后拉他去诊断，才检查出他正患感冒，烧得不轻。我请彭总回成都休息，他硬要去省委抓的一个公社蹲几天；后来建委陪同的干部坚持要他回成都，他才不得不上了车。

我曾劝过彭总：“你年纪大了，还是注意点身体吧。”

他说：“农村里，像我这样年纪的人，还在犁田哩。”

彭总看到我有些疲劳，一再鼓励我：“你再辛苦几年，和我一起度过眼前这段最忙的时候吧。只要三年，大三线就会大变样，那时再调动一下你的工作。”我没吱声。本来到西南前我就在想：彭总最困难的年月过去了，要是有机会，我也该调回部队或者住住学校了。可是，到西南后，一看彭总这个拼死拼活的忙劲，我知道换个新人来不一定能很快摸透他的脾气、习惯，只好把这个“走”字咽回肚里。后来，情况急剧变化，我也就压根没有提过这回事了。

四月底，巡视到川南。这天，彭总正准备回成都，他忽然对一张报纸发生了兴趣。看完后，狠狠一摔，骂道：“奴才！走狗!”我上前捡起报纸一看，原来是戚本禹的一篇长文，又是评《海瑞罢官》的。我正准备细看，彭总一把夺过报纸，把它揉成一团甩了。

"不要理它，几头狂叫乱咬的狗！"出了门，他还在骂："奴才！挑拨是非的奴才，陷害忠良的奴才！"

会见老船工

不久，报纸上陆续发表了不少批"三家村"、"四家店"的文章，都东拉西扯地联系到这个那个为罢了官的右倾机会主义分子翻案的问题，并且批判的调门越来越高。连我也越来越明显地感觉到：林彪、江青等人挥舞的毒剑，日益逼近彭总的头顶；他的工作恐怕难以继续下去了。

可是，这时的彭总却更镇静了。有天，他把我喊到跟前说："走！还是干我们的正经事去吧。"他照旧出发到建设工地去了。在纵横几千里的大三线，他跑得更迅急了。我看得出，他已经意识到自己工作的时间不多了，想要争取时间，尽可能多地为人民干些事情。他还有一点"个人心愿"：看看长征路，看看旧战场。他在北京就说过："到西南，一定去看看那些老地方。"

彭总去视察石棉矿时，首先去看了当年红军抢渡大渡河的渡口——安顺场。

正是春潮泛滥的时候，从西山雪岭奔腾而来的大渡河，水流湍急，吼声动地。彭总站在河岸上，挥舞着手，大声对我们说："就是这里，这条河，当年差点要了我们的命。可到后来，它又帮了我们的大忙，国民党军队追上来了，我们已经到了河那边，和红四方面军会师去了。船工帮助红军，就是不帮国民党。从此我们算彻底摆脱了蒋介石亲自指挥的几十万大军的追击堵截！"他大声喊着，好像要压过面前如雷的涛声。

当我们向河滩走去时，彭总在后边嚷："不要下水去。河里是雪水，冷得很呀！那一年，我们军团几个鲁莽汉想游过去找船，头一个跳下去的就没有上来。”

我走到河边试了试，确实水凉如冰，砭肌浸骨。彭总来到水边，捧起大捧水闻着、吮着，洗了洗脸。洗了一阵，便坐在河岸上。我走上前去，只见他两眼含泪，凝视着波涛翻滚的河面。

我们找来了当地的领导同志。彭总向他打听当年为红军摆渡的船工。正好，还有一个人健在。和这位老人见面时，彭总高兴极了，竟然还记得当年和他一道摆渡的是三个人，另外还有一老一少。老船工听着，他仔细打量起彭总来，问他怎么知道得这样清楚。彭总说：“我是当年的红军战士。今天是代表那些乘你们渡船过河去的所有红军战士来看望你，感谢你！”他捧着老船工的手，向他行了个鞠躬礼。

老船工连声问他尊姓大名，彭总说：“我叫彭德怀！”老船工激动地搂住他：“啊哟！你就是彭德怀啊，好些年没有听到你的大名了，你还好吧？”

彭总说：“好啊！好得很啰！毛主席领导我们，当年这样的地方都走过来了，现在胜利了，还有什么不好的？你怎么样，吃穿不愁吧？”

老船工说：“托福，托福。比起当年，自然好多了。那年你们从这儿过，我现在想起来也觉得险呀！对岸山上白狗子的枪子儿泼水似的。几条烂板船就在人家的枪子儿底下晃荡，不是你们，谁敢过呀？你们前脚走，后面国民党的中央军十好几万就按拢了！那时，我就估摸到了，来日的天下一定是你们的。国民党军队后来还到处抓摆渡人哩，我们，跑了他妈的。”

彭总点头说：“让你们吃苦了。”

临走时，彭总给了老船工一点钱，数目我记不得了。他再次捧着老船工的手说：“我代表当年的红军战士，表示一点心意吧。”

这就是后来构成彭德怀在四川收买人心的突出事例。“文化大革命”中，有一个人揭发了这件事。彭总看到这个揭发材料时，勃然大怒：“混账话！收买人心！我们给了人家什么？给什么能把人家收买了？当年人家把我们多少人送过河去？人家是拼着一条命给红军干的。我们给什么也酬谢不了人家啊……”

会理城下

接着，彭总又来到了凉山彝族地区。在这里，彭总多次下车步行，指点江山，告诉我们当年哪儿是一片森林，哪儿是一条路，哪儿是一座碉楼；在一些村寨，彭总还指给我们看当年毛主席、朱总司令、周副主席的宿营地，指出那些人家的院落、门楼有了什么变化。好几次，一些三十年前的老住户都印证了他的话，对他的记忆发出惊叹。我们也曾在一处处荒草乱石中，找到了他指出的碉楼的残迹。彭总还去过好几户彝家，打听当年给红军带过路、出过力的人，可是，没有找到一个。

在彝区，彭总曾多次跟我们说：“拳头不乱打，能团结人，这是我们共产党很重要的一条，是敌人很害怕的一手。红军过去在这样的地方都通行无阻，这一手起了很大的作用。”

到达会理的当天晚上，他对我说：“今天我睡不着了，出去走走吧。”他带我们几个绕城走了一圈。在毛主席当年住过的房子前，他停留了好一会。在这里，他给我们讲了红军长征的历史，把我们带入了当年如火如荼的日月。

在会理附近，彭总还找到了一个那时掉队的红军战士。这个战士向彭总详细谈了他在江西老家参加红军后的战斗经过，谈到他负伤和掉队后的遭遇。彭总问他是哪个部队的，他背了一连串的名字，第一个便是“军团长彭德怀”。彭总“呵”了几声，但没有说明他就是彭德怀。

临走之前，彭总对当地的负责同志说：“对掉队的红军，还是要时常想到他们，逢年过节开个会，帮助一点。有些人，掉队后有缺点错误，但只要不是敌人，还是要承认人家过去那一段历史。”当彭总离开当地，路过那个掉队的红军战士家门口时，他把那间歪斜了的小草房望了很久，感情深沉地说：“不管怎么说，这个人对革命还是有点功劳啊!”

在贵州的万山丛中

以后，彭总又去了一趟贵州。他是坐飞机到的贵阳，在去参加一个地区的规划会议的前后，又顺路去看了一些长征时走过的老地方。

在“地无三尺平”的贵州万山丛中。彭总经常下车步行，沿途察看山势，询问地名。这一天，来到一座大山下时，他叫司机停车等他，带着我向很高的峰顶爬去。时值盛暑，一身汗水湿透了他的衣衫。他呢？就像山顶上有什么人在等他，一步比一步跨得大，迈得急，把我也累得上气不接下气。

到了峰顶，彭总也走不动了，两条腿偏偏倒倒的。我去扶，他说：“不用不用，到啦。”说着，他走出几步，抱住一块巨石，久久地喘息着。一会儿他抬起头来，望着峭壁的顶部，一会儿又打量着四周，喃喃地说：“是这里，是这里。小景啊，我们在这个山上死了好多人啊!”我见彭总又累又激动，便扶他坐下，取下水壶，给他水喝。他歇了一会，指着巨石告诉我，牺牲在这块大石旁的是和他从井冈山一道走来的战友。“他走到这里为中国人民的解放流尽了自己的血！一个革命性很强的角色，一听到枪声，简直能飞起来……”

彭总还说出其他一些人的名字，可惜，我都没有记住。到今天，我还在后悔呀，我那时应该带个本子，把他说的话，至少把那些先烈的名字都记下来。可是，我没能做到这一点。多少年来，对于彭总的言行，我是一个字也不记的，我记下来干什么呢？当我自己后悔时，我是这样安慰自己的：那些牺牲的同志，已经被统称为革命先烈留在我们亿万人民的心中，早已用金字镌刻在天安门前辉煌的巨碑之上了！

彭总望着山下，告诉我：“我们就在北边开的会，这个会开得好。有了这个会，才有我们的今天，才有中国的今天啊！”

这是个密云欲雨的天气，山下云雾缭绕，什么也看不见。我问：“北面是哪？”

他说：“遵义。”

“遵义，我知道。”

“光知道不行，要记住它、了解它，它可是我们革命起死回生的地方！”

彭总接着向我讲述了当时的敌我形势，热情地颂扬了毛主席在关键时刻挽救了中国革命的伟大功勋：那时，“中央军”、湘军、黔军、川军、滇军从四面八方赶来了，我们没有路走了啰！论兵力，不到人家十分之一；论武器装备，我们是叫花子。有人主张回头向湖南去，可是那条路已经证明走不通，折损了好大一支人马才转到贵州来的。北上到川北，和四方面军会师，倒是个出路，可是敌人在长江岸边摆了几十万重兵等你哩。怎么办呀？这时候才开了一个遵义会议，把毛主席请了回来。毛主席拿出办法来了：往西去，过赤水河，摆出一个到川南、滇北去的架势。这一下，敌人各路大军都赶紧扑过来了。毛主席指挥红军一个回马枪，钻到了敌人屁股后头，第二次打遵义，在敌人还搞不清红军到哪里去了的时候，我们吃掉了它二十个团，打了长征以来第一个大胜仗，解脱了危局。“没有毛主席，”彭总感情很深地说，“我们在这条路上就很难走出来了，今天还不知道在哪呢？”

彭总正要讲述在这个山头上的一仗是怎么打法的时候，忽然下起大雨来了，千山万谷都发出一阵“啪啦啦”的声响。我赶紧拉他往回走，他不想走，说：“你这个同志呀，可惜哟，不懂这段历史，不然，下刀子你也想听听。”

我怕彭总淋了雨，拉着他往山下走，他却还在指指点点讲述着。“敌人就是从这儿上来了，不要命的上来了。我从一个牺牲的同志的手里拿过机枪，妈的！枪管烫手，脱了衣服把它包起来打。那一仗我们付出了代价，可是，敌人付出的代价是几倍、几十倍。”

彭总讲着，一边抹着满脸的雨水。后来，回到驻地，他还在自言自语地说：“不是毛主席，中国革命到不了今天啊！”

几天后，在黔滇交界的一座大山上，彭总又给我讲了一个事。他说，在长征路上，毛主席表扬过他好几次，后来还给他写过诗。说着，彭总突然转了话题，充满了愤激与委屈之情：“那些人叫我‘三反分子’，叫他们去问问毛主席吧，毛主席绝不会同意的！毛主席了解我彭德怀。我彭德怀有错，也有功，功一面，错一面。不能说我革命一面，反革命一面，那样说，我不服！”他站在大山的峰顶，面向北方，流着泪，呼喊着，好像毛主席能听到似的。“我要能再见到毛主席就好了，他会听得进我这些话的！”

可是，从他离开吴家花园，他再也没有盼到和毛主席再见面的一天！盼来的却是林彪、江青一伙派出的“专揪彭德怀战斗队”。从贵州回到成都，他面临的形势更险恶了。

去邓华住地

从贵州回到成都是七月底，从此彭总再也没有外出过，他自己也不好再要工作干了。

每天，除了看看书，下下棋，再也无所事事。后来，棋也不下了，书也读不下去。有时，他捧着书，眼睛却盯着别处；坐下来又站起，站起来又坐下；拿起笔想写点什么，却半天也写不下一个字；有时像要匆匆出门去，走到门口又摇摇头转过身来。好几次，他提议让我带他到街上走走看看，我怕街上的大字报刺激他，只好用“街上乱得很，怕出事”来推托。

有一天，彭总突然要我找一张成都的地图。我找来了，他接过去匆匆地在图上寻找着。一会儿，他高声喊道：“哈，在这喃!”随手用红笔在图上画了一个圆圈。他指着这圆圈低声告诉我：“邓华就住在这。”

我问：“你怎么知道的?”

彭总说：“那个理发员告诉我的。”

提起这理发员，也有一些故事哩。有天彭总去理发，正在刮胡子的时候，老理发员突然凑近他的耳朵，悄悄地喊他：“彭老总，你好呀!”他“唔唔”两声后，侧头问道：“你怎么认识我?”理发员说：“你上回理发，我就认出你了。没敢喊你。我是志愿军战士，见过你。”说着，还把彭总露在围布下面的大手紧握了几下。

彭总这次理发，理发员又告诉了他邓华的住地。

彭总坚持要去见邓华。这可把我难住了。恰好，这天下了一点雨，于是我给他戴了个大口罩，还戴了一顶旧帽子，又把帽檐拉到了眉心。这样打扮了一下，就上路了。我在后面跟着，心情矛盾极了。这次会面，会给彭总、给邓华带来什么样的影响和后果呢？可是我又不忍心劝阻彭总。当一个人陷入异常孤独苦闷之中，十分需要同志的友情的时候，一对曾经生死与共的老战友的会面，是多么难得啊！

于是，我跟着彭总往前走去。走到一个小街口，他急匆匆的脚步慢下来了，不走了。望着街口边一堵围墙里的屋顶，指给我看："那就是邓华的房子。"一会儿，他转过身来，低着头往回走。我上前几步，轻声问他："为什么不进去？"他说："看看地方就行了，行了，行了啊！"

此后，彭总再也没往那个方向去过。两个老战友，并肩战斗了几十年，一道闯过了千山万水，如今同住一个城市，近在咫尺，却不能见面！后来，彭总被揪上北京，当我们打开他的保险柜时，里面没有几件值钱的东西，却有个精致的烟盒，烟盒里还留着一张字条："这个送邓华同志。"

往后，我下过几回决心，也没敢去见邓华。打倒"四人帮"后，我去了，但邓华已调去北京。我想，邓华又何尝不知道彭总当年的住地，又何尝不想去见他？或许也是由于同样的原因和心情，他也曾去而复返吧！

群众我不怕

一九六六年八月，报上公布了党的八届十一中全会通过的关于无产阶级文化大革命的决定（即"十六条"）。彭总接到报纸，一口气看完了，还大声朗读了几段。他说："毛主席伟大，发动群众来一场大辩论，分清是非好坏。"

他立即打电话给建委办公室，问有没有八届十一中全会发给他的文件。对方回答没有文件，并建议他最好下乡去躲一躲。人家还没有说完，他就大吵起来："群众我不怕！你们看了报纸没有？一个共产党员能躲开党中央发动的群众运动吗……"我从外头赶来，连忙夺下了他的电话，要他不要发火。他对我说："你知道他说什么？他叫我躲……"

我说："人家这是好意。"于是我向彭总讲了一点运动方面的情况，主要是说，社会秩序乱了，要注意安全。彭总听了我的话，还是不以为然，说："你呀，也是个'怕'字当头的！我看了文件，觉得没什么好怕的了！"他还说："街上乱，我知道。好人坏人，好事坏事，只有大家都说话，才有办法分清楚。你有嘴巴我也有嘴巴，最后会辩出个真理来的。让大家讲话，我们国家好多问题都能解决了。"我以为，他把事情看得太理想了。于是，我又给他讲了一些大字报、大标语的内容，讲了全国大串连的情况。他听了，还是不同意"躲一躲"。他说："真要像你说的这种情况，躲是躲不脱的！"他又指着"十六条"说："这上面讲'放手发动群众'，'不能采用任何包办代替的办法'，'严格分清两类不同性质的矛盾'，'提倡充分的辩论'，'要用文斗，不用武斗'……这有什么不好？……"然后，他推过文件，沉思起来。

后来彭总向建委负责人写了信，要求去看大字报，参加批判会，在会上答辩和检讨有关他自己的问题。当时，西南局和省委已经受到了冲击，陷入了半瘫痪状态，对彭总写的信没有表态。有一天，建委秘书处的一个负责人对我说："依了他，依了他。但只能悄悄地去机关看看大字报。要是到街上，千万不要暴露，要绝对保证不出问题。"

彭总高兴了。他不但去过机关大院，还去过盐市口、春熙路等闹市区，不但看大字报，还听过人家辩论，哪里人多他往哪里去。他看到机关"揭发"他的简报上，说他来西南后"开足马力营造反革命大本营”，“妄图东山再起”，“到处放毒、搜集炮弹”，等等。他并不生气，有时还笑一笑。

有天看大字报回来，已经很晚了，彭总还要下棋。我说：“算了吧，我装不来唱空城计的诸葛亮！”我觉得，那时的政治形势显然对他是很不利的。

彭总笑了笑，说：“你以为我是唱空城计的诸葛亮吗？不！我有后台！”

“谁是你的后台？”

“毛主席！揭发我的人不了解情况。可是毛主席了解我呀！要是毛主席看到了这样的简报，他一定会说：‘这个彭德怀不错，到西南干得很卖力气嘞！’你说，是不是？”

我笑了笑。心想：照你这么一说，好像是万事大吉了，但看看社会上的风风雨雨，却叫人觉得并不符合文件精神，对他更是凶多吉少。但我怎好和他一个劲儿争辩呢？只好照常跟他到处去看大字报。

后来，我才知道，彭总并不是像我所担心的那样天真，也毋须我这样一个人去提醒他。对眼前的风云变幻，他不但看到了它呈现出来的状态，也从它的细微处看到了它的发展、它的未来。他说过一句话：“我宁可毁灭自己，也希望看到有个什么好路子把国家整治好！我们都是马克思的信徒，要让他在天之灵高兴，不能叫他难过、哭！”这，也许就是彭总为什么总是满怀信心地期待着未来，而把眼前个人的安危得失全然置之度外的根本原因吧！

会见红卫兵

彭总上街看大字报，有一次被人们认出来了。这以后，红卫兵小将便不断找上门来。第一次来的是当地的大学生，来前还写来了一个纸条："请建委彭德怀副主任约定一个时间，和我们谈。"彭总看了这个纸条后，连说："请他们来，时间由他们定，我随时都欢迎。"第二天，来了两男一女，戴着红袖套，背着"为人民服务"的挎包，很恭敬地向彭总敬了一个礼。他们谈了半天，走时对我说："不错，很爽快。"

还有一次，来了一队准备沿红军长征路到雪山草地串连的红卫兵。他们大都是高中学生，十六七岁，一个个着绿色军上装，穿草鞋，完全是一副出征军人的样子。他们来，是请彭总讲当年红军长征的路线。彭总手捧他们递过来的地图，看着他们的装束，非常激动，问他们还准备带些什么。他们说，就是身边的这些东西，谈完话就出发。

彭总说："你们这个样子是不能翻雪山的。红军当时是逼得没法子了，而且是夏天……"

小将们回答："我们不怕，一定要比前辈人克服更大的困难，吃更多的苦。"

彭总向他们弓了弓腰："我作为当年的一个红军战士，向你们学习致敬，祝你们胜利！"彭总也给他们讲了红军爬雪山过草地的情景，鼓励他们勇往直前，再三叮嘱不能打莽撞仗，每到一处，要做好调查研究工作，找个熟悉地形、路线的向导，还要多带御寒用品。

渐渐地，来的人就大不一样了。无论男女，都把袖管高高挽起，说话时挥着拳头，进门就吼："不革命的保皇派，滚你妈的蛋！"一副包打天下的架势。我们还是按彭总交代的，一律热情接待，请他们坐、喝水。他们手指尖挥到我们鼻尖上："去去，少来这一套！"在这样一些人面前，彭总的日子不好过了。

他们一来就吼叫："坦白从宽，抗拒从严！"接着念上几段"凡是反动的东西，你不打他就不倒"等等，然后就要彭总交代什么

“罪行”。第一批人刚走，第二批又来了，又是那一套。这时，彭总还是克制着，不发火，不骂人。他在观察和认识这批年轻的“革命者”。

有一次，彭总发了火。来的一群人要他揭发邓小平、贺龙等人的“罪行”。他提高嗓门说：“按照党的原则，同志间有了意见，当面交换，不能背后议论，更不能暗地里罗织罪名。我对他们很了解，但我自己有选择提意见的场合和方式的权利。”

有人训斥道：“你刚才说相信群众，怎么又不相信我们了？”

彭总说：“对那些不问青红皂白、毫无凭证就把我称为反动派的人，我不相信！”

有个人表示“相信”彭总不是反动派。彭总说：“你不把我当反动派，我可以告诉你：你们要了解的这些人，他们对革命有很大的贡献；他们可能有缺点，但不是敌人。你们不要帮坏人的忙！完了！”

那个人破口骂彭总是“死顽固”。彭总说：“我是不如你这个人‘灵活’啊！”

后来我才知道，这伙人的头目叫王大宾，就是所谓五大“学生领袖”之一。

要警惕敌人

一九六六年末尾，许多社会情况表明，这场“文化大革命”已经被林彪、江青等人搞得面目全非了。在这个变幻莫测的年月里，当“革命者”容易，当“反革命”也容易——只要某某人一句话，只要一句谣言，只要报纸上一个词，谁就会被立刻打翻在地！

这时候的彭总，再也不去看大字报了。他对任何冲进门来的造反者，都是这么一段回答："我要说的都说了，你们再要问什么，我们得有个协议，我讲半小时，你讲半小时，讲完了，我走我的，你走你的，大路朝天，一人一边！"别人要彭总在记录上签字，他说："我这个人是不在别人写的字据上画押的！"

这个时候，彭总有空就关起门写信。他说："我要给毛主席写最后一封信！"

我没看过他这封信，只听说过他想给毛主席说，现在危险得很，要警惕敌人，他们利用我们党的威望、党的口号、党的缺点，利用我们党在长期对敌斗争中积累下的一套办法，只是改变了花样，把他们自己变成了"革命"的，把我们党变成了敌人而已。彭总说："我不管三七二十一，都给毛主席说了！我也没得什么好怕的了！"

彭总叫我把信送往建委办公室时，还给建委办公室附了一封信，说：如果认为必要，可印发西南局各书记同志。

这次送信回来，彭总问我："送去啦？"我说："送去啦。"他说："送去了就送去了吧！"我发现他语气不对，问他："后悔了？"他说："什么后悔！我是觉得我要给毛主席说的话没有说完……"他一声长叹，接着说："我现在能见着毛主席就好了。"

当天晚上，他把我和秘书老綦、司机老赵召到一起，围坐在我们房前的小石桌旁，问道："你们现在向成都军区要求调动一下怎么样？"这问题提得突然，我心头一惊，不知说什么好。他自己又回答道："不可能啊！他们那里也乱了营，谁管你调动工作的事。"

昏暗中，借着月光，我看到了彭总两眼闪着泪花。好久，他又说："我是活不成了，可不能连累了你们呀！"他的声音，显得从来没有过的沉重。

我心头一阵紧缩。"你怎么啦？"

彭总没有立刻回答，只望着星月无光的夜空。

"上午有几个学生来，跟你说了什么？"

彭总答非所问地说："现在我看清楚了，有人要逼着别人当反革命，你不想当，就是顽固到底的反革命……"

"去他娘的！那些叫别人当反革命的才是真正的反革命！"我们三个气得不行，吼叫起来。

彭总又说："你们都知道，我给毛主席有三条保证。永远不反党，现在不是谁要反，是别人非要给你戴这顶帽子不可！不是谁要自杀，是有人要你死得比自杀还不如！不是我不想自食其力，是连这点权利也不给啊！"

"别想那么多，事情总会有个说清的时候。"我们安慰他。

"不管怎么说，我是把你们连累了！你们几个，到时候自己要拿些主意。我反正快离开这个世界了……"说着，便转身走进了自己的屋子。

我们几个人在那儿呆坐了好久，大家都陷入了极度的痛苦和焦虑之中。我看着你，你看着我，谁也拿不出一点应付的办法。哎！当时，连成都军区的司令员和政治委员都被抓上街游行了，有什么办法呢？

后来，我们议论过他那天晚上的谈话，他那时大概已经预感到林彪、江青等人很快要派人来揪他，他将受尽屈辱而死去。他只是担心我们沉不住气，会动感情，甚至动武，搞出一个什么事件来，连累我们和我们家庭。正因为这样，他不说不吭，一个人默默地承受着痛楚，一个人默默地吞下了苦水，一个人默默地迎向那即将扑来的厄运……

被"揪"

事情发展得很快：几天之后，一九六六年十二月二十五日凌晨四时，我爱人把我叫醒，说："彭总屋子里的灯全亮了。快去看看！"我连忙披上衣服，跑过院子，撞进他的住室。我惊呆了。诸门大开，空无一人。床上的被子一半被拖在地下，书籍、文件、衣服等被翻得满地都是。我喊了几声："彭总！彭总！"哪里有人答应？

我立即跑去找建委办公室负责人，向他报告彭总不见了。一到他家门口，满院的灯亮着，屋里屋外都是人。秘书老綦早被弄来了。我忙问他："彭总呢？首长呢？"他也大吃一惊，才知道在他被那伙人纠缠到这儿来时，彭总被绑架走了。有人见我来了，信口说："他就是彭德怀的警卫员。"

"好呀！"一个头目向我伸出手来，"我们正要找你。"

我一腔怒火，喊道："你们把彭德怀弄到哪里去了？"

那头目一套油腔，说："解放军同志，不要耍这个态度嘛，未必你现在还保他？你可要站在革命人民一边，当个革命派，可不要当保皇派哟！"

我更加火了，抓住他的胳膊，喊道："放屁！我怎么不保他？党给我的任务就是保卫他的安全！他是首长，我是警卫，不但保他，必要时还得豁出一条命来替他去死！你把他给我交出来！"

对方竟然笑着说："同志，我们也是党交下的任务！你要不要知道我们是什么人？"

我说："我管你们是谁！抢人就是不行，就是犯法！"

一个打手跳到我面前，"你要怎么样？"

我一想，好啊，要动手才好哩。我已经憋了不是一天的气了。对！该给这些人退退火气！我希望他们先动手，我再进行自卫还击。我想，为了彭老总，就是填了我这条命也在所不惜！我心一横，反倒冷静了。抓住了一个人，我说："我要你们立刻交出彭德怀！"

这时，一个头目走上前来，直向我摆手说："何必呢，何必呢？"接着，他掏出几张纸来说："我们是奉中央首长的特别使命来这里专揪彭德怀的。请看。”我接过纸来看看，他又对着我的耳朵说：“是江青同志的指示。”

我说：“不管是谁的指示，为什么要采取这种见不得人的手段？”

几个人又围上来，朝我吼叫：“这是革命！这个革命你是不懂的！”

我说：“你们说对了，你们的这个革命，我是很不懂的！”

正当我们争论不休的时候，建委办公室的负责人提出，打电话请示总理，看看该怎么办。双方都同意了。

忙乱了一阵，总理办公室的电话接通了。

总理的一位秘书听取了建委办公室负责人的汇报后，当即请示了总理，并把总理的意见向成都方面作了传达。

（一）由成都军区派出部队与红卫兵一道护送彭德怀同志到北京。沿途不许任何人截留，不得对他有任何侮辱性的言行，绝对保证他的安全。

（二）不坐飞机，由成都军区联系火车来京。

（三）由北京卫戍区派部队在北京车站等候，并负责安排彭德怀同志的住宿和学习。

最后还特地交代，以上三条已同时通知了成都军区和北京卫戍区。

总理的秘书还向绑架者的头目重述了以上内容。

接了总理的电话，我如释重负。至少，彭总的安全有保障了。这些天，彭总好像一个不会水的人，落到了深水潭里，眼看就要沉下去了。真是喊天天不应，叫地地不灵。敬爱的总理的关切，像一支巨手，把彭总从深潭里高高托起，送上了岸坎。

后来，我和老綦分了工：他看家，我随这伙人来到了成都地质学院。在一个空荡荡的大教室里，我见到了被绑架的彭总。他穿的还是那身破旧的棉衣，一双他弟媳做的已经穿洞的棉鞋，没戴帽子。

坐在冰凉的水泥地板上，双手拢在袖管里，全身都冷得簌簌打战。

“彭总！我来了！”

彭总吃惊地抬起头：“你来干什么？我不要你管！你回去，我随他们的便，怎么办我都不怕！你回去……”

我把我的大衣给彭总披上，他甩开了：“我不要！你自己穿！冻死，饿死，打死，杀死，都一样！我不会喊叫一声！”

我说：“不要这么说！一个共产党员的生命不是他自己的！”我说了他常说的一句话。接着，我向那些绑架者提出，“要给他凳子坐，搞点东西吃。”

趁没有人的时候，我向彭总传达了周总理的三条指示。彭总沉思了一会，问：“真的？”我说：“真的！”他又问：“还称我同志？”我说：“对！对！两次，清清楚楚。”彭总抱着头，转向墙壁。我看到他双肩在激动地抽搐。好一阵，他转过身来了，对我说：“你回去吧！你有老婆、孩子，去照顾他们……”

我说：“我回去给你取衣服和用具来，随你一起上北京！”彭总大声说：“不要不要！我不能再拖累你们！”

等我再到地质学院时，彭总已被他们转移到了另一个地方。后来才知道，从北京来了好几个“专揪彭德怀战斗团”。他们互相争夺，于是彭总现在落入了以王大宾为头子的一伙人的手中。我追踪到省地质局，这才见到了极度疲惫的彭总。后来，在北京车站，我看到了各种各样的这类“战斗团”，他们在争夺中大吵大叫：“我们是江青同志派来的！”“我们是奉了林副主席的指令！”……

到今天已有充分的材料证明，林彪和江青都争相控制彭总，因为他们害怕“把话说通”的那一天的到来，因此，竭力不让彭总见到毛主席，不让他活到那一天！

告别

彭总被绑架后的第二天晚上，载着彭总去北京的列车出发了。这列车，像是从灰堆里爬出来的一条大毛虫，车顶上趴满了人，车门、车窗上挂着人。每到一站，便听到“当啷！当啷！”的棒击玻璃声，上车的人向水泄不通的车厢里拼命地挤。

成都军区给彭总联系了一个软席车厢。王大宾在这个车厢里派了足够的“禁卫军”，不准人们随便进出。我和老綦的行动也不是十分自由的。

路上还好。不少红卫兵对彭总颇为友好，只要列车一停，他们中间有的人就捧着从站台上买的东西给他送来，有时是油饼，有时又是别的糕点。他们在人堆里挤着、喊着：“递过去，递过去！给老头子递过去！”

红卫兵们轮流值班看守彭总、批判彭总。但从软席间钻出来时，都说：“这老头子不好对付。他能把人骂得笑，他讲的笑话却叫你哭。辩不过他，辩不过他，他脑子里不光有刀枪棍棒，还有不少马列的书本哩。”

听到红卫兵的这些议论，我的心也放宽些了。我就站在彭总的室外，不时推开门看看他是否还安全。半夜里，我还听到他大声说话：“谈吧！谈吧！我不怕累，只怕别人强加于我。”接着，听见他讲自己的历史，讲中国革命战争，评述人们对他的所谓这样那样的揭发。有人在喊：“你为什么反毛主席？”彭总把他过去讲过的话又讲了一遍。他说：“毛主席对中国革命和世界革命贡献巨大，是个很有学问的人，比我有学问多了。没有毛主席，中国革命还不知要吃多少亏。但是，我不同意喊那么多万岁，不同意喊那么多红太阳、大救星，这不好么？毛主席也不赞成么！你们说我这是反毛主席，我不同意。你们没有事实啊，我希望你们不要毫无根据地妄加罪名。给自己人胡乱定罪，那会使我们党毁灭啊，那会导致天下大乱啊！”他态度安详，说的在理，年轻人屏声静息地听着。可也有一些人横眉瞪眼，乱吼乱嚷。他对一个声称要把他打翻在地的人笑着说：“我老了，年轻的时候，我一个人打得过二十个人，打得他们逃跑的逃跑，告饶的告饶，却没有打过一个老人！”

我听了这些话，心里高兴，但也着急，担心被人抓住辫子。半夜，我在过道里迷糊过去了，只觉得有一只粗大的手抚着我的肩头。我醒来了，在黑暗中，这只手又把我的手紧紧握住了。四周一片鼾声，什么也看不见，但我感觉到，是彭总站在我面前。

“你们两个，还是来了！……”彭总说，声音有些颤抖。

我抓紧机会对彭总说：“你，就少说几句吧！这是在人家的窝里。你呀，就是吃的这个亏！”

彭总在昏暗中摇了摇头，说：“我现在一无所有！只有一张嘴了！不抓紧时间说，恐怕机会不多了！”

我问他有什么嘱咐。他说：“别的都没用了。我就是惦记我那些书……”

卧室的门把手响了，走出一个人来，告诉彭总“厕所在那头”。

到了北京车站，经过好一阵争执和谈判，王大宾的战斗团人多势众，终于把他们远征的“俘获”拉回了北京地质学院。在那里，经过一番艰苦的工作，他们才不得不把彭总交给北京卫戍区。

彭总被两个战士撑扶着，登上了卫戍区的大型交通车。极度的疲劳使得他显得两腿无力，比平时苍老得多了。车快开时，我大步走向车门，但不准上。我只得说明身份：“我是他的警卫参谋！”一位负责干部说：“你已经很好地完成了任务，回成都去吧。”要我放弃自己的职责，离开彭总，这怎么行！但看样子。他们是不会让我上车的。我只好请求说："我跟彭总十七年，让我跟他告个别吧！"车上的负责人终于同意我上了那已经挤得满满的车厢。彭总低垂着头，两眼微闭。我喊了一声："首长，"难过得声音发抖，"我走了！你还需要什么？……写信来，我给你送……"

彭总抬起头，吃力地站起来，紧紧地握着我的手，眼含泪花说："好！好！谢谢你，谢谢你，我谢谢你啦……"同时，向我深深地鞠了一个躬。

我的眼睛完全被泪水模糊了。

人们催我下车。我不知道是怎么转过身来，走下车的。当我再转过身去的时候，车子开动了。我再也忍不住了，号啕大哭起来。当我再抬起头来的时候，那辆坐着彭总的车子，已经在泪水遮盖的昏暗中远去了。

从此，我再也没有见到我跟随了十七年的彭总！

我两次在北京

一九六六年十二月底，彭总被揪到了北京。因为我和綦魁英在彭总身边工作多年，在当时必然要受到株连。

我们俩到了北京不几天，人家就把我们的手枪没收了，随后就遭到了冷遇。不管怎么样，我们和彭总分手之后，心里一直惦念着他，总想见见彭总。于是，我们就问有关人员："我们能不能见见彭总？"人家说："不能见，他已经被卫戍区关起来了。"

刚到北京那几天，一看没有人管我们，我们就偷偷地跑到西单去看大字报，希望从大字报上知道一点彭总的消息，想办法去看看他。可是跑了好几趟，没有得到一点消息。

后来，成都军区来了长途电话，说我爱人病了，叫我赶快回去。

这样，我才返回成都。

一九六八年八月，中央军委办事组给成都军区打了电话，通知我和綦魁英去北京一趟。到了北京，先是住在东四煤碴胡同一个招待所里。没过几天，又把我们给转移了，转移到了什么地方，我们也搞不清楚。

不久，中央来人对我们说："以后，你们要好好学习毛主席著作，提高政治思想觉悟，和彭德怀划清界限，你们要把彭德怀的三反言行都揭发出来。你们在北京熟悉的人多，不准接触和打电话联系。过几天我们就来拿材料。"

我们把材料写出来以后，人家看了很不高兴。

人家说："你们没有揭发彭德怀的三反言行，而是在给他歌功颂德。景希珍同志，你应当站在毛主席的革命路线上来，特别是你知道吴家花园的情况，你们在吴家花园时，有哪些人去见过彭德怀?"

我说："朱德、杨尚昆、杨献珍、田畴等领导同志都去过。他们去吴家花园，中央警卫局都知道。不相信，你们可以去查。至于他们谈些什么，我就不清楚了。"

"还有一个很重要的问题，你还没有谈出来。你要揭发习仲勋。习仲勋到过彭德怀那里。"

"这个我不知道。"

"你要揭发彭德怀里通外国的事。一九五九年他率领军事代表团访问八国时，你去工作过。他到阿尔巴尼亚，苏联代表团也去了，他们是不是秘密会谈过?"

"记得苏联代表团要走，阿尔巴尼亚设宴欢送，彭德怀也参加了宴会，都是坐在主席台上。他们谈什么我就不清楚了。宴会完了，就是舞会，彭德怀不会跳舞，他看了一会就退席了。回到宾馆，大约是晚上九点多钟，看了看报纸，洗了洗，他就睡了。我没见他跟谁谈过话。"

一见我们没有多少油水可挤，后来就放我们返回四川。临走时，中央来人对我们说："你们先回去，你们回四川以后，要继续揭发彭德怀，把材料转给中央办公厅。"

我们离开北京以后，就再也没有写材料。一九六九年，中央军委办事组通知成都军区：反革命修正主义分子彭德怀的警卫参谋景希珍、秘书綦魁英和司机赵凤池，由成都军区处理。这样，我们三个人被分到了三个地方，我被分到内江军分区资阳县武装部工作。

给彭总看东西

一九六六年十二月，彭总被揪到北京以后，他有不少东西被一些群众组织给抄走了。

一九六七年三月，我由北京回到成都时，彭总的屋里已经被搞得乱七八糟，因为当时他的屋门被群众组织封了，我也不能进去清理。

过了几个月，彭总屋子的窗户被砸开了，东西又丢了不少。彭总的大衣、哔叽裤子、蚊帐、皮鞋、被面，还有《二十四史》及各国共产党送给彭总的有关资料，全丢了。我见丢了这么多东西，心里很着急，马上通知了西南局保卫科，西南局保卫科说他们没法管。我又通知了省公安厅，省公安厅很快派了人来，把彭总住房的窗子用木板钉上。

又过了一些日子，有个群众组织的头头对我说："你是人民解放军，应当支持左派。把你的枪借给我们用一下。"

我说："我的枪已经上交了，所有部队的枪也都上交了。"

那个人说："你他妈的保皇派，还是抱着彭德怀的反革命大腿不放。"

他边骂边进了屋子，在我屋里乱翻了一阵，然后就走了。

后来，有几个人找我说："彭德怀的材料在你家，请你把它拿出来，不然我们就要搜查。"

我说："我家里没有彭德怀的材料，不信你们搜吧。"

那几个人真的搜了起来。在我屋里乱翻了一阵子，把我家的东西扔得到处都是，也没有捞到他们所需要的东西。

有一天晚上，又有几个人找到我，说："这里有彭德怀的汽车，我们想借用。"

我当时没有答应他们。他们走后，我心想汽车不能借给他们，这是国家的财产，如果弄到他们手里，肯定用不了多久，就会搞坏了。

晚上，我躺在床上怎么也睡不着，尽管那几个人暂时走了，他们肯定还要来。怎么办？我爬起来找司机赵凤池商量了一番，决定第二天向成都军区干部部门说说，请他们想个办法。

第二天，我就找到了成都军区有关同志。当天晚上，雷干事就来了，他说："情况已经反映给张国华政委的秘书，张政委指示说，晚上叫管理科派人把车子开到军区管理局保护起来。"不一会，就把车子开走了。

两天后，有几个人跑到我家，气势汹汹地问我："彭德怀的汽车开到什么地方去了？"

我回答："已经到了成都军区管理局，这是张国华政委的指示。"

他们听了，骂骂咧咧地说："他妈的，当兵的还是保彭德怀。"

随着全国形势不断恶化，西南局也越来越混乱。成都大街上，每天晚上都能听到枪声，到处喊着："打倒西南局！火烧省市委！"在这种情况下，彭总的房子更没有人管了。我经常看见有人围着他的房子转。有的说："咱们的组织干脆住在这里办公。"有的说："这屋子是省筹备委员会和成都军区的支左办公室封起来的，不能乱进。”可是过了几天，彭总住屋的门窗又被打开了。我和綦魁英、赵凤池进了屋，把剩下的东西整理了一下，然后，把门锁上了。

后来，彭总的房子又被砸开了。我只好把剩下不多的东西搬到了我家，放在一个小屋里。这件事不知怎么被人发现了，他们跑到我家来，把彭总的东西都给扔了出去。他们还骂我：“他妈的，你胆子真不小，还敢保存彭德怀的东西。”他们走了，我和爱人把东西捡回来，又放在另外一间房子里。

一九六九年，我爱人住院时认识了一个孤儿，名叫王玉凤。她出院后，住在我家里。她哪里也不去，每天在家里看着彭总的东西。

后来，通知我到内江军分区资阳县工作。临行前，我说：“我这里还有彭德怀的东西，怎么处理?”过了一段时间，成都军区请示了军委办事组，军委办事组通知我和成都军区后勤部的同志，将东西清理一下，放在后勤部保管。不久，我们办理了移交手续，开了清单，双方签了字、盖了章。

从一九六七年初到一九七〇年初，在这三年时间里，我除了两次去北京外，其他时间就待在家里照看着彭总的东西。那期间，我几乎天天都到彭总的住处去转一转、看一看。我清楚地知道，彭总正在北京受隔离审查，可我总是以为他还坐在屋子里办公。有时夜里醒来，我还向彭总的屋里望一望。从感情上来说，我觉得我仍然还在彭总的身边。可严峻的现实是那样冷酷无情，彭总在北京身遭摧残，而他的住所又是那样凄凉，当想到和看到这一切，我默默地流下了辛酸的眼泪。

下篇

最后的年月（一九六七——一九七四）

丁隆炎 著

1979年1月摄于成都永兴巷七号（彭总在成都住地）。照片人物为：景希珍（左一）、浦安修（右二）、丁隆炎（右一）、伍进先（左二，时为省军区宣传处长）。

开始过“囚犯”生活

一九六六年十二月二十八日午夜过后，在漆黑的北京西郊公路上，一辆深灰色的囚车，向五棵松附近的一所军营疾驶而去。

严寒彻骨的冬夜里，连长、指导员把十二个战士从睡梦中叫醒，紧急集合在一起，对他们说：“同志们，你们都是党员，现在，党中央交给你们一个光荣而重大的任务，警卫和看守一个重要的隔离对象。他是谁，我们不知道，你们也不许问，今后即使你们有谁认出了，知道了，也不能对别人说。对他的情况只能向师里指定的专人报告，一个字也不能向外泄露。就是我们几个在这里工作的干部，也不许过问这事。你们的任务是，保证这个人不逃跑，不被别人抢走，更不能叫他死了。一句话，除非经中央有关领导批准，任何人不得出入你们的警卫线，听到了没有？”

“听到了！”十二个虎彪彪的战士“啪”地一个立正，彼此用眼光提示着：“伙计，这次的任务可不同一般啊！”

接着，十二名战士中有几个人换上了便衣，紧握拳，跑到军营后院的一间单独的平房前，接受师部来人下达任务。平房尽头一套两间的小房内，早已布置停当了：一张单身床，一张桌，一把椅，一套取暖的炉具。类似一个临时招待所。地点很僻静，收拾得也还算整洁。师部的人讲：你们这次的对手是一颗很大的“定时炸弹”，你们可要特别小心……

大约午夜时分，汽车到了，停在离小屋不远的地方。从车上下来一个外穿青呢大衣，内着黑黄色土布棉袄的人。走了几步，没等别人看清他的面孔，他便猝然摔倒了。一个战士把他从地上提拉起，一喝道："你装什么死？想突然爆炸怎么着?"战士们把他连扶带架进了小屋。他第一句话便是："我要睡觉，我好几夜没睡了。"他只脱了大衣，拉开被子，倒头便睡了。

每班警卫是两个战士。一个武装警卫在门外，一个便衣徒手警卫在内室。担任第一班内室警卫的战士叫小潘。他见床上那人被面上的青呢大衣快滚下地来，便伸手给他拉了拉。从大衣口袋里掉下一本红皮小书来。小潘拾起书，顺手翻开来看了看："啊——"他忘情地轻声喊叫了声，原来书皮内的第一页上写着"彭德怀"三个字。

年轻战士巴不得等他醒来，看看他什么样，再问问他怎么到这儿来，从哪儿来的。但他却发出了几声沉重的鼾声。

看来他真是困乏已极，不然，他是不可能在来到这地方的第一个晚上，这样美滋滋地沉睡过去的。这个连队原来在郊区担任节日施放烟火的任务，不久前才调来这里担任看管任务。战士们谁没看到，凡是送到这里来的隔离对象，都是一连多少天不能合眼的。

小潘看到，他随身带来的几样用具是：一个缺了几块瓷釉的搪瓷缸，外壳被烟火熏黑了，里头黏糊着饭粒；一个破旧的牙具袋，袋口上系着污浊的毛巾。

小潘第二次值勤时，已是次日的深夜了。小潘看到有个人拍着桌子对彭总吼叫："你写，老老实实写!"他转身说："我要考虑一下!"那人叫他面墙站好。过了一会，大概是他嫌站着难受，想回头拿过那本小红本语录来翻阅。那人狠狠踢了他一下，说："老实站着，什么时候想好了，再坐下来写!"

等那人走了，屋里只剩下彭总一个人时，小潘便把那个搪瓷缸拿到外屋，用炉灰擦拭干净，又用沸水烫过，然后拿出自己特意带来的茶叶沏了一缸热茶，端到内室的小桌上，轻轻地说："你喝茶!"

彭老总从墙边回过头来，他看到这个年轻的红脸蛋战士多少有些惊惶地向外顾盼着，依然站着未动。年轻战士又说："我们没有想到，是你，昨晚上，我也以为来了个……"他大概觉得说出这个词来也是不应该的，只向他负疚地笑了笑："你坐下来，写吧！"

彭老总坐下来了。年轻战士看到，他的头发全白了。从他的身架看，他过去一定是粗壮而魁梧的，但现在脸上、手背上的皮肉全都松弛而多皱。他的眼窝深陷，略为显得发青的眼下皮囊往下耷拉着。很明显，他仍然处于极度的衰弱和疲惫之中。

他坐下后沉思良久，才开始写。战士这时才看到，纸上原来已经有一行字："为什么揪我来京，我一点也不了解。"

现在他又继续写道："……揪来北京，未宣布罪名，这是我六十九年生活中所遇到的第一次。在长期革命过程中，我工作上的缺点不少，革命方法上也犯过个别错误，但我自问无愧，在任何风险危急的关头上我没有动摇过，我诚不知要我交代什么罪行……"

彭老总可能是感到扶在对面桌上那年轻战士的手在簌簌颤动，便抬起头来，他又看到年轻战士那深情望着他的眼眶中滚着泪花。

年轻战士连忙掉过头去，走出屋外，一会儿又进来问道："你真是什么也不知道？"

彭总说："不知道，但我能猜出，是因为我过去犯过错误，党要审查我。我很高兴，希望党对我有一次认真仔细的审查。"

"高兴？这样的地方你过去住过？"

"没住过。不过，一个共产党员要受得起党的考验。各种各样的考验我都受过了，只是这次和以前的方式不同些，但我还是相信，通过审查会把我的情况搞清楚的。"

"你喝茶吧！"年轻战士双手捧起那缸被彭总忘在一边的热茶，颤抖地递过去。

"谢谢你，小同志！"彭总也站起来了。

他在战士心里“爆炸”

彭总来到这个小室最初几个月的生活情况，现在还能从他当时写下的几页日记中看出一点端倪。这几页日记不知为什么保存在他的专案组档案内，大概是当时作为他拒不认罪的证据而收缴来的吧。

一九六七年四月一日他写道：“转移在此总共三个多月了，时间过得真快呀！看到战士们学习积极自觉，风格很高，表现在值勤上争先恐后，没有吵嘴的，同志关系融洽，真使我高兴。对我这个人，生活上照顾也是好的，但据我看，对犯人应当采取积极态度，订阅报刊应当允许，还应当找些进步书籍给他看，管理上不必异常烦琐，如我的住房外只有六七步远就是自来水水管，要打一盆水须首先告诉室内看守员，由他告诉室外看守员，上厕所也是一样，增加他们许多麻烦……他们还绝口不谈政治生活，这些可能是不对的吧?”

从这段日记看，他过的是一种囚犯的生活。当然，我们还不能只凭猜测，今天我们已找到他被当作罪犯而被逮捕的决定。决定的时间正是他来到这个小屋的那一天：一九六六年十二月二十八日。只是决定上没有写明他所犯的罪行。

前面提到的那个年轻战士小潘也回忆说：“有关方面也是把他称为犯人或专政对象的。而在实际上他也是被专政了，一点自由也没有。只是，我们看守他的战士虽然在表面上遵守着上级的一切规定，但我们心里却没有这样看待他。我知道，我们看守班有好几个人都想在单独执勤的时候对他表示一点照顾，说几句宽慰他的话。”

为什么这样，小潘没有说原因，但却说了彭总在囚室里一些特别的表现：每顿给他打来饭，如有粗粮、细粮两种，他总是只吃粗粮，留下细粮；吃剩下的，他把它拨到他的破搪瓷缸里，下顿再用开水泡热或放到火上煮了再吃。他的瓷缸除了作为他喝水、漱口之用外，也常常是他的小饭锅儿。他常端着它对战士说："我这顿饭有了，不要再打了。"一盆热水他常常用几次，洗脸、洗脚，再把他换下的衣服泡上洗头遍。

战士们问过他："你为什么只吃粗粮?"他说："粗粮对我的胃口。"后来，他和小潘熟悉了，对他说过："我没有干工作，吃粗粮就不错了!"

有个人曾给战士们打过"预防针"："你们要小心，这个人是惯于耍这套来迷惑人的，他是一个伪君子!"战士们当面不说，背后却议论："你来装装这样的'伪君子'试试，一天两天能装，人家几个月都这样，是装出来的吗?"

看管他的战士在心里敬服他，当然不仅是他这些生活上的奇特表现，更主要的是他过去那些震动中外的赫赫功绩和威名。小潘说，有一次，自己把这个看守对象的真名实姓向一个最信得过的战友透露了，他顿时把嘴张得很大，半天合不拢来，好久才说出一句话："我爸爸过去是志愿军，讲过他。"小潘的这个战友再走进彭总的囚室时，他的脚步比往常轻多了，坐在那里，不眨眼地把他已经看守了多次的对象望着。

今天，从专案组留下的材料中看到，彭总在囚室中先后三次写下了他的"交代"，长约几十万字，详述他波澜壮阔、惊天动地的一生。这是中国共产党人为了中国人民不受外敌宰割、不受豪强凌辱而进行的半个世纪前仆后继的英勇斗争的真实记录，也是我们民族史册上又一曲浩气长存的正气歌!

小潘说，他没有看过他写的这些"交代"，只是看到他常常写哭了，眼泪打湿了他面前的纸张。但是我们想：许多看守他的战士在他面前肃然敬立；许多战士默默向他垂泪；在后来他被中央文革派来的代表王大宾等人在审讯中肆意侮辱时，有的战士愤怒得想“和那些狗日的干”。这其中，绝不会没有人偷偷看过他写下的那些文字的。

如果，他生活上的那些奇特表现只是使战士们惊异，他过去那如雷贯耳的威名只是使战士们为他惋惜或者不平，那么，他的“交代”则将在每个战士的心里“爆炸”开来，甚至使他们听到声震寰宇的巨响，看到明照九天的光焰！

看吧，他是这样开头的：“审查我的负责人指示，从八岁起，写我的历史，不写不行。过去我已写过几次，现在我诚不愿再写了，因为它毫无用处，也毫无意义。……六十余年的事要回忆准确是困难的，但我的童年、幼年、少年生活，反而记忆犹新。

“我一八九八年出生于一个下中农之家，其时能勉强维持最低生活，六岁时我开始读私塾。八岁以后，母死、父病重，伯祖父八十开外，祖母年过七十，三个弟弟均年幼，四弟半岁时由于母亲病故被饿死。一家人先卖山林树木，后典押田土，以致家中一切用具、床板门户，一概卖光。严冬时我们兄弟赤足草鞋，身披蓑衣，几与原始人同。十岁时，正月初一我第一次带着二弟去当叫花子。人家问，你是不是招财童子？我答，不是，我是叫花子。黄昏时回来，进门我便昏倒在地。初二，祖母说，我去讨。我立在门槛上，不愿她去受人欺辱。祖母说，不去怎么办？昨天你讨不来，今天你又不去，一家人能活活饿死吗？她带着我的两个弟弟去了。寒风凛冽，雪花横飘，我年过七十的白发苍苍的老祖母，拄着棍子，一双小脚一步一扭走出去。我看了，真如利刃刺心。我每一回忆至此，我就流泪，就伤心，今天还是这样！不写了！在我的生活中，这样的伤心遭遇，何止几百次……”

有一件事，或许可以帮助战士们理解他这样悲苦的身世，同时作为了解他为夺取一个光明的中国而终生冲锋不息的向导：一天，战士们给他理发，有人问他：老头（那时他们这样称呼他），听说你过去和林副主席一样大？

他说："呵，不不，我可比不上他。他比我强多了，强多了！"

"你还蛮谦虚哩，说说他怎么比你强？"

他说："他比我会喊万岁！"

一句话，把在场的战士们震得目瞪口呆，事后却没有谁汇报他这个在当时算得上弥天大罪的"反动"表现。小潘说，他以为同志们都没有听清，但在林彪爆炸后，大家都不约而同想起来了，甚至有一个人还在会上说了："彭德怀说过，林彪比他会喊万岁！"

难怪，有关当局不久便把彭老总转移到另一处去了，而且时常调换看守他的战士。

我没有别的要求，只希望学习

彭总的日记中写过他要求订阅多种报纸，要求给他提供一些书籍。他还写过多次申请：“我对于具体工作人员，没有别的要求，只希望你们能让我学习。”“我希望在你们审查期间，再给我认真读书的机会。革命的人生，就是学习和工作、工作和学习的循环反复的过程，还有其他吗？没有了！”“你们对待犯人，政治上完全不对头，……应采取从政治上引导他们进步的积极态度！”

后来，大概是监管部门同意了让他看些马列和毛主席著作，专案人员这才转发了他给他的老警卫员景希珍寄去的一封信：“景希珍同志，你好！接信后请按下列书单从我的书箱里把书找齐。再把我的小收音机寄来。还能不能领到我的薪金呢？能的话，给我两个月的钱，以便在这儿再买一些书和学习用品！”但是景希珍把这个字条按寄出的地点退回去了。因为，他的那些书早被红卫兵们顺手牵羊拿走很多，剩下的，包括彭总留在成都的全部物品都被当时的四川省革筹一张封条贴死了。

后来，彭总的大侄女彭梅魁也收到了他的一张字条和一个长长的书单。梅魁对她的爱人张春一说：“这条子是伯伯亲笔写的，我认识。书，我要买了给他按地点送去，再买一架半导体。这一下，可能要送我回农村了。我什么也不怕，只是孩子就托给你了！”张春一一把将书单夺过，说：“咱们是社会主义国家，买马列主义书籍送人能犯罪犯法吗？”他们当天就买了一大捆书和一个收音机，按信封上的地址送去了。他们原来还指望能见到伯伯本人一面，结果只在一个接待室里得到了一纸收条。

一九六七年初夏，四川省三线建设办公室管发薪金的会计雷文也收到一张彭总的字条："会计同志，每月十八元生活费刚够交伙食。我的眼镜度数不够了，看书不行了，需要另配，我还需买些肥皂牙膏，可否每月多给我几元钱呢?"雷文接到这个字条后，不禁一阵心酸泪落。她想起，她第一次给彭总发薪金，彭总问起，你是哪里人，工作几年了，每月收入多少，家里有些什么负担？然后他在自己心里默算了一下，说："你看，我一月拿这么多，这不合理。我们国家应当兴一个什么规矩，让一些收入多而负担轻的人自愿拿出一些钱来，办一些免费的学校、托儿所……"还有一次下班时，下雨了，她在机关的门洞里等着雨过。彭总来了，立刻叫自己的司机开车送她回去。她连说："不行不行，从来没有这个规矩。"彭总说："以后应当有，应当把我这样平时不出门，出门也不想坐车的人的车子收了，给路远的同志们上下班用!"

"可是那一次呢，我就没有在彭总困难的时候，在上级的规定我无力改变的时候，匀出一点钱给他花。"雷文在一次座谈会上泣不成声地说："我和家里人研究过，由我们自己拿出二十元来，塞在下月发给他的生活费里寄去。可是我到底没有这样做，不是我小气，而是我胆小啊！什么时候想起这件事来我都不能心安，不能饶了我自己！"其实，这件事怎么能怪雷文胆小呢？

彭总的眼镜没有另配，但学习照常进行。梅魁记得，他开列的书单大都是马列主义政治经济学方面的。战士小潘也记得他说过，"过去我们研究打仗，是下了工夫的，就是在搞建设这方面的学习，没有接上气。"他没有一分钟闲坐，学得很起劲，仿佛这里不是囚室，而是课堂。他还向警卫战士建议："你们应当和领导说，看守的时候，可以读读书写写字嘛。"后来真按着他的意见这样做了，他很高兴，对战士们说：“不要捧着一本书装样子，要随身带一个本子，读了什么书，对你有哪些帮助，都要记下，才能真正学到一点东西！”还说，“世界上有过很多人想到过许多有趣的问题，都写在书本里。读起书来和听人家说话是一样的，听多了，主意也就有了。”

他在他读过的这些书里，每一本甚至每一页上都写满了他自己的话。彭总平反后，中央某专案组送来的彭总遗物清单上，有一长串马列、毛主席书籍目录，但在这目录后写着：由于这些书上有彭德怀同志写的批注，根据当时上级的指示一律烧毁了。多么可惜啊！不然，一定能从这些书本中，找到这位举世闻名的军事战略家在政治经济学方面独具慧眼的见解。

中央来的“代表”

正当彭总孜孜不倦地读书时，林彪、“四人帮”又开始掀起了一股新的反军恶浪，狂叫“打倒带枪的刘邓陶！”大揪军内“一小撮”，妄图搞垮军队，为他们进一步攫取一切大权扫清道路。

一九六七年初夏的一天，看守彭总的警卫部队接到通知：中央文革的代表要来审讯彭德怀，要求做好安全保卫工作。

这天，战士们把隔离室内外打扫得一干二净，还通知了“老头”：首长要来问你一些事，你态度要好，要争取一个好出路，等等。出于战士们的好心，为了老人不致隐瞒什么，以便改善他的处境，还破例同他一起学习了《为人民服务》和有关的语录。彭总这天也很兴奋，把自己的内务收拾了又收拾，很早便正襟危坐着等中央“代表”到来。他还对战士们表态说：“中央要问我什么，从我这儿了解什么，凡是我知道的，都会如实讲。共产党员在党面前就像崽对娘，有什么好隐瞒呢？”

不久，中央“代表”来了。战士们一看，来的人都不过二十郎当岁，一身流气，歪眉斜眼。心想：准是冒充的吧？但陪同他们来的确是师里的人。据说不但有中央文革的介绍信，事先还有江青的指示：警卫部队要做好这次讯问的配合工作。

中央“代表”进得屋来，老头赶忙站起。等这几个人坐定后，他又向外看了看，大概是确信这便是所谓的中央“代表”后，他坐下来了：脸色很不好看，眼里射出的是一种凛然而又深感失望的神色。我们从以前彭总写下的日记中看到："我从成都被揪来北京待审，时间过了几个月，至今还未宣布罪名。我很盼望，党对我有一次大审查。我愿在坚持真理、随时准备修正错误的原则下，总结我过去的经验教训，从而提高自己的认识……"他是日也盼夜也盼，盼着党中央、毛主席派人来找他谈话，可是盼来的竟是他早就熟悉了的这个毫无知识、只会喊叫和挥拳踢脚的造反派头头王大宾和他的同伙们。他的心怎能不一下凉到脚呢？

王大宾等人开口便吼："彭德怀，你的罪行交代得怎么样了？"

彭总答道："我的马列主义、毛泽东思想水平不高，工作能力不大，没有为革命做好工作，缺点不少，革命方法上犯过错误，这些我都写了，交代了的。"

"你写的什么，丑表功！站起来，说！你里通外国、反党卖国的罪行！"

彭总勃然大怒："你们无凭无据，硬要给我加上这些罪名，是何居心！"

几个人上前把他从座位上拉起，推倒在墙角上，对他又打又踢。然后给他出了题目，下了限期交代的勒令：（一）与刘少奇、邓小平、贺龙的黑关系；（二）在朝鲜战场反对毛主席战略方针的罪行；（三）毛岸英究竟是怎么死的……

晚上，小潘给彭总打来饭时，他再不像以往那样站起来道谢，只说："我不吃，你端走吧。"小潘仍把饭放在桌上，问："有没有伤着哪里，要不要医生来看看？"彭总摇摇头，感激地回望了他一眼。

小潘站着久久未动，又把饭碗向他面前推了推。彭总突然抓住这个一向对他满怀同情的战士问："你能帮帮我的忙吗？"

"我能帮你什么？"

"你给我送封信吧！他们要置我于死地，我不怕死，只怕我的话不能向党中央说出来。毛主席、周总理、朱老总是了解我的，他们有一个人能找我谈谈，我死也心甘情愿。”

小潘想了好久，摇了摇头。后来又说：“你写吧，我可以交上去，请上级转给中央，行吗？”

彭总叹了一口气：“那是交不上去的！”

不久，小潘又给彭总理发，随口问他：“你有家吗？”

他说：“有呀！怎么会没有家呢？”他还告诉小潘，他的大侄女叫梅魁，最近还给他送来了东西；他的爱人叫浦安修，在北师大工作。“我们好久不联系了，她的日子也不会好受啊！”

小潘又问：“你想家吗？”

他答道：“我想啊！我更想真正是我们党中央派来的人跟我谈谈！”

小潘给他刮脸的时候，发现他的脸上有泪，脸上的肌肉抽搐着、抖动着。

烈士的鲜血决没有白流

不久，林彪、“四人帮”反党乱军的步伐又向前跨了一大步，明目张胆提出了“揪军内一小撮”的反动口号。他们把持的中央报刊又一次点了彭德怀的名，强加给他许多罪名，以此作为军内确实存在“一小撮”的证明。

林彪、江青等操纵的几个人很快成立了一个“批彭联络站”。戚本禹多次出面给喽啰们煽动打气：“还是小将们能干，把活海瑞抓来了。”“彭德怀这个庞然大物在小将们面前束手无策，狼狈不堪!”“他还很不老实哩，还是只有依靠广大群众去制服他!”

和王大宾并列为“领袖”的韩爱晶一马当先，连夜向部众们传达了戚本禹的旨令，决定把彭德怀立即搞到北京航空学院来批判。韩爱晶等人还制订了一个战斗方案：“……战略上采取重点突破的方针，拿下敌方目前拼命固守的堡垒——百团大战问题。从而暴露彭德怀假抗战、真助蒋，假功臣、真罪魁的面目。”

经过一番“战斗演习”之后，韩爱晶向戚本禹报告说，他找到了斗垮彭德怀的“钢鞭”，一切都准备就绪。戚本禹立刻作出了“让彭德怀到小将中接受批判教育”的批示。

因为是“重点突破”，所以出动的兵力不多，一两百人，地点在一个大教室中。但大幅标语不但贴满了室内墙壁，也贴满了室外过道；不但悬在空中，也涂在地面，所谓对“反革命修正主义头子”不共戴天的“群众怒火”，确乎是熊熊燃烧起来了，似乎硬要叫任何人都感到毛骨悚然似的。

批判大会开始了。一阵咬牙切齿的怒吼声中，彭总被押进会场来了。韩爱晶很快便抛出了他精心物色和培训过的“钢鞭”。这位“钢鞭”声泪俱下地控诉了百团大战对当时革命大好形势的破坏，招致了日寇何等疯狂的扫荡，造成了何等悲惨的情景。

被控诉者彭德怀趁原告擦泪抹鼻涕的工夫，突然提问道：“我请问：‘九一八’日本侵占我东北是谁招致来的？‘七七’卢沟桥事变又是谁惹恼了侵略者？我再请问：日本鬼子对我国同胞惨无人道的烧杀，难道只是在百团大战以后才开始的吗？”他态度安详，声调平和，但他的凛然正气，他简单得如同日月在天的道理，却像一声声席卷大地的飓风，使得一切声音都不得不在它的威力扫荡之下，哑然沉寂了。

“彭德怀，你太嚣张了！你敢翻庐山会议的案？”还是那位“钢鞭”首先从痴呆中苏醒过来，奋起反扑。

“红卫兵小将们，庐山会议上是有一些同志就百团大战的问题对我提出过批评，其中许多意见是对的。作为一个历史事件来研究，百团大战前由于对敌人进攻的意向有一些错误的判断，因此在选择战役的时机和地域方面确是不完全恰当的，过早地暴露了我军的实力，我是负有责任的。但是，这次战役对于振奋我们民族抗战必胜的信心，对于打击日本侵略者的嚣张气焰，是有功的！”彭总这时看到有几个人向他冲过来了，只得加快速度提高声调说，“功在我们党、在万千八路军战士，烈士的鲜血决没有白流，没有白流……”

韩爱晶首先冲上去照着彭总胸口猛击一拳，另一个人揪住了他的领口，狠狠地将他推倒在地。于是，造反者们一拥而上，在这个年近七十的老人身上，争先表现自己的“革命”坚定性和“大无畏”精神。

彭总被打得在地上翻滚了几下，后来，他不动了，昏迷了。

一个红卫兵高声喊道：“不要打，不要打，他那么大年纪了，打死了怎么办？……”

韩爱晶说：“没关系，他结实着哩。打！”一个人又应声而前，抓住他的后领在桌角上猛碰他的头部，边碰边说：“你还打太极拳吗？你还锻炼身体吗？你还自吹你一顿能吃两个窝窝头吗？你还吹你能再干二十年吗？”

…………

绝大多数红卫兵在这一阵踢打和咒骂声中，向教室的四角退缩着，浑身战栗着。女孩子们有的用手蒙住自己的眼，有的紧咬住自己苍白的、痉挛的嘴唇，有的甚至哭出了声。

拳脚停顿了好一阵之后，彭总才发出一声呻吟。他被人从地上拉起时，头上淌着血，站立不住。有人拿出事先写好的一张纸，喊叫着：“叫他签字，叫他签字！”有人抓住了他的手，正要往这张纸上按手印时，彭总断然抽回自己的手，喘息着说：

“让我……看看。”

他看到了，这张纸题头上写着：“向无产阶级革命派彻底投降认罪书”。他把这张纸放在面前的桌上，匀了一会气，用尽平生之力站了起来。肝部的剧痛使他踉跄了几下，他用手按住剧痛处，终于站立定了。在环顾全场之后，他说：“我有罪！”猛地，他一拳打在桌上，声如雷霆：“我的罪在消灭了几万日本兵！”他再一次倒下，昏厥了。

这次批斗会后，韩爱晶等人召开了战斗总结会，奖励了有“功”之臣。“功臣”们提出发扬连续“战斗”的精神。韩爱晶又向中央文革写了一纸报告，说什么“群情激奋之极，要求进一步查实彭德怀罪行某些细节，彻底将他斗垮斗臭，不获全胜，决不收兵……”

北京航空学院批斗会的当晚，北京卫戍司令员傅崇碧得知彭德怀被批斗的情况，曾经打电话问韩爱晶为什么不执行周总理的指示，因为卫戍区曾派专人去北航向韩爱晶等传达了这一指示：不准搞喷气式、不准挂牌子、不准游街、不准武斗、不准开万人以上的批斗会。后来，北京卫戍区拒绝了中央文革“再次将彭德怀交付群众批斗”的批示。一位部队领导回答来提取“罪犯”的人说：“彭德怀上次被北航学生打伤，肋骨挫折，现在发高烧，不能再去。”

实际上，彭总的伤势比这个人回答的还要严重。但他在病床上也未休息，写下了他对百团大战的回忆和看法，再次申明：百团大战是经党中央批准的，事后曾接到过党中央的贺电：“百团大战真是令人兴奋，像这样的仗是否还可以组织一两次？”彭总写道：“百团大战存在的问题我已经谈过了。但我们到底不是先知先觉呀，事后诸葛亮是好当的。”“从总的方面看，百团大战对粉碎国民党当时对我党‘游而不击’的诬蔑，对争取中间层、动摇派，对团结整个中华民族，万众一心挽救国家危亡，奋起反抗日本侵略者，对全世界认识我党领导下的民众威力，都是有力有利有功的！”“没有百团大战，就没有敌后根据地的巩固和发展，就没有后来我们的百万正规军和几百万民兵，就没有后来的广阔的解放区和解放战争的战场！”“那些诬蔑百团大战的人，你们不仅替日本侵略中国做了辩护，也为蒋介石长期以来对我们党抗日丰功的诬蔑当了义务宣传员！你们呀，是些什么人呢？是无知，是无耻？还是其他用心？我很怀疑！”

彭总多次说过，作为一次战例来研究，百团大战当然是既有经验也有教训的。然而上面这一席话，他绝不是针对曾经善意地向他提出过正确意见，甚至是向他提出过过火批评的同志们说的。

这是我们的彭老总呀

北航的批斗会后，发生了武汉的“七·二〇”事件。七月二十五日，为这一事件在天安门广场召开的大会上，林彪带头高喊：“打倒带枪的刘邓陶！”“打倒彭德怀！”……为掀起“揪军内一小撮”的高潮，七月二十六日又在北航南操场举行了号称十万人的批斗彭德怀、张闻天的大会。

在各单位“代表”声嘶力竭地轮番发言时，长久地弓腰九十度的彭总要求上厕所小解。从厕所走出时，人们见他满面青红交错的伤痕，衣裤几处都被撕破了，脚上的鞋一棉一单，另两只鞋显然是在某处批斗时被拖掉了。他大病在身，重伤未愈，每走一步都使他十分吃力。正当他抱着一根柱头喘息不止时，一个穿绿衣的“首长”从远处冲刺而来，大喝道：“彭德怀，你也有今天呀！”他甩开大臂，向彭总那伤痕累累的脸打去，彭总立刻摔倒在地。他可能感到手痛了，抓着那只手甩动着，然后用一只脚踏住彭总的胸口：“你，还认识我吗?”

彭总从地上微微抬起头，顿时，他怒目如裂，光焰如箭，像一头受伤的雄狮咆哮着：“认识，我认识你！”他一个翻滚，躲开那人踹向他胸口的脚，在地上坐了起来：“你，在朝鲜战场是个怕死鬼！我差点没有枪毙你！”那家伙像一头被烫着了的狗，扭头就向人堆里跑。彭总叫出了他的名字：“我当年没有毙了你，真可惜！”

自然，这样倔强、无畏、凶猛的“囚犯”，在十万人的批斗会上，能落个什么样的结局？从那个可怕的时代走过来的人们，是不难想象出的。

批斗大会的发言结束之后，“批彭联络站”的头目们为了叫彭德怀、张闻天等人体会到人民群众“汪洋大海”的“威力”，叫他们从无数人头夹成的巷道里低头走过。这漫长而密集的人墙内，什么样的群众没有啊？何况这个当年横扫千军如卷席的白发老帅，光是国民党的将领被他所指挥的大军击毙或生擒的，恐怕也数以千计。今天难道就没有几个仍然抱着“父仇不报非君子”的“遗孤”们，也举着“造反”的旗帜，藏身在这人墙之中？

彭总和张闻天还没有走到人墙夹巷的一半路程，就都先后瘫倒了。有些“革命群众”居然还对他们吐唾沫……

等到彭总被五花大绑，头上插着长长的箭标拉上车游街示众时，他喃喃地说了几句话：“让我，让我休息一下……我想，我想喝一口水，一口水……”但是，这要求没有得到应允。他被人抬起抛上了车，接着这辆呜呜长鸣的游斗车，呼啸着向北京市区开了去。

为我们夺取这个新中国，多少次在敌人的重围中冲杀，多少次使我们党和军队在千钧一发的时刻免于败亡的彭总啊！你竟没有在这个拥有九百六十万平方公里美丽河山的国土上，讨得仅可容你坐下来休息片刻的方寸之地，没有在这儿讨得仅可滋润你的苦口燥舌的一掬之水。我们，怎么向我们的后代解释这种怪诞的事件呢？

然而，我们的民族、我们的人民绝不是木然无知的。只是在那时，我们还在沉默中思索，许多问号把我们心底的火山口堵塞住了。我们人民的反应仅仅是：当一次次游街的囚车开过时，常常被两眼喷着火光的人群挡住了。不论警笛如何长鸣，人们寸步不让。在北京一个闹市区，一个老人曾张开双臂挡住载着彭总游街的一辆大卡车，大声喊道：“你们这是干什么？干什么？这是我们的彭老总呀！”随着喊声，他喷出大口的鲜血，毅然躺倒在车轮的前面。

几乎和这同时，甘肃省武山县一位贫农老大娘在临死前，告诉她的儿子康明前："我死后，你记着把我棉衣里的东西取出来，保存好！"康明前在母亲死后拆开了她的棉衣，原来有一张彭老总的照片缝在她贴心口的地方。后来，康明前把这张照片寄给了彭总的夫人浦安修。

夫妻重逢

深秋，在彭总被各单位连续、轮番批斗当中，有一天他被揪到了北京师范大学。他的夫人浦安修“文化大革命”前在这里担任副校长，现在不用说早关进了“牛棚”。和所有关进“牛棚”的人一样，每天的“课程”除了“请示汇报”之外，便是挨斗或陪斗。所谓陪斗，便是和挨斗的人一起坐“喷气式”、罚跪、挨鞭打，有时还要揭发或证实挨斗者的“罪行”。只是，陪斗者不属于本次批斗会的主要目标。

这天，浦安修又照例被揪来陪斗了。她习惯于在这时候闭着眼，什么也不敢看，免得自己有病的心脏受折磨。可是这次，扭着她胳臂的人，总是用另一只手抓住她的头发，让她的头朝上。她还是闭着眼。那人喝道：“睁开你的狗眼看看吧！”

她睁开眼，首先看到的是一片黑压压的人头，随着一阵口号，翻起一片拳头。接着这些拳头对着她挥舞：“打倒……彭德怀！”“打倒……彭德怀！”这才使得这个几次寻死未成的老太婆恢复了神志。横贯会场的巨幅标语渐渐在她的眼里变得清晰起来，她看到了歪写着的打了红叉的“彭德怀”三个字。她骤然明白了今天批斗会的主要对象是谁，她衰竭的心顿时不均匀地跳动起来，她感到自己快要窒息了。

黑压压的人头翻起了波浪，人们朝外探着头，同时向两旁闪退着。她被闪退的人挤到墙角。等她被人再推到前面的时候，她看到，几个彪形大汉架着一个人飞速地冲进会场。而被架着的那人两腿拖地，从地上扫起一溜卷扬的尘土。等大汉们把他拖上舞台，一撒手之间，他“噗通”倒下了，一动不动，仿佛躺在地上的一棵大树。一阵吼叫踢打之后，他终于在大汉们手中昂起了头。

她看清了，这就是她的丈夫。自从三十年前他们在太行山结识以来，他对她像一位慈爱的大哥，又像一位严峻的老师。她对他的一举一动，哪怕是眉宇之间的丝毫变化所反应的各类情绪也熟悉极了。现在她认出了他，并不是他的面容和身架，这些分明已经没有多少她所熟悉的特征了。他比一年半以前去三线前夕和她话别时，显得苍老瘦弱多了，何况他的周身都被污秽和血迹染黑。她认出他，仅仅是：他在一昂头时那威武不屈的眼光，那蔑视一切的神情。

会议开始“控诉”发言时，她全然没有听。只要可能，她的眼光便盯着她三十年来的老伴看，对着他大声地哭泣。无论落在她头上的是拳头，是皮鞭，她全然没有感觉到。她只希望，她的老伴能听得见她的哭声，明白她的心意。可是会场上到处是轰然的人声，他的头在大汉们手中几乎贴近了地面，他能听得到吗？

但是，当一个发言者向他发问时，他又得以昂起了头。她看清了，他的目光扫视着全场，他的双眼淌着长长的两行泪，他的前襟分明是被他的涕泪浸透了。他是在找她啊！

三十年来，这对夫妻相处是十分和美的，但他们的冲突也十分激烈。还在太行山的时候，彭总要求不久前才离开北平一所大学的新婚妻子，自己背着背包回到她工作的地点去。她说她怕在几里长的山沟里遇上狼，希望他派人送她一程。他却取笑她，并且断然拒绝了派人送她：“等你自己有警卫员的时候，自然会有人送你的！”她哭了，并且赌气说以后不再来。后来，他亲自接她来了。还是在太行山，大灾荒年，他要求她每天和她领导的妇救会员们一起上山找野菜，甚至每天检查她是否交够了规定的数字。有一天，她觉得腰酸腿痛得不行，不想去了。他发了火：“如果明天妇救会员都不去了，我就要追查你！”敌人来扫荡的时候，他们夫妻被敌骑冲散了。后来她回来了，听人说，彭总这几天常念叨：“我的天，她死了不要紧，可不要落到敌人手里啊！”她气哭了，骂他没良心。他笑着解释：“要说你特殊，就特殊在一个地方，八路军副总司令的老婆，不能当俘虏，否则丢的是八路军的脸！”他在朝鲜，她冒着敌人的轰炸去看望他，车上颠簸，头碰在车扶手上，破了皮，流了血，而他见面后第一句话竟是：“谁叫你来的？我们刚宣布过规定，家属不能来，你就来破坏！”他当天便叫她随车回去。还是志愿军首长们说情，她才留下住了几天。一九六一年，他要写他的“万言书”，她劝他，求他“什么都别说了”。他说：“我宁可毁灭自己，也不能放弃一个共产党员的责任！”……

“浦安修！”一声喝斥把她震得一跳。接着她被推到人前，一个人大声宣告：“现在由彭德怀的臭老婆浦安修交代，揭发彭德怀反党反社会主义反毛主席的滔天罪行！”

她站立定了，并且似乎很乐意似的：“我说，我要说，这些年，我气他，恼他，怨他……”她又一次泣不成声，在咽下了几口苦水后，接着说：“那是因为我不理解他，我们合不来。但我从没有发现过他有一点反党的言行，没有，没有……”

她终于号啕大哭起来。一个人把她推到一旁，她只记得，许多人朝她挥拳、吼叫，以后便什么也不知道了。

她后来才听说，当别人向她进击的时候，她的老伴还说过一句话：“你们不要这样对她，她没有责任！……”

后来，浦安修在谈起这次批斗会时，依然止不住心痛肠断般的悲戚。她说：“我终身遗憾呀！我没有把我的话全说出来，没有让他能了解我。事实真是这样，过去我们闹过，闹得不可开交；只有到了‘文化大革命’的时候，我们不在一起的时候，我才真正认识他，理解他，也更爱他，敬他！……”

周总理的关怀

彭总的大侄女梅魁向那个接待室送去了马列书籍等物以后，不久收到了伯伯的一个字条。说：东西收到了。烟，我已戒了，以后不要再送。我身体很好，请勿挂念。梅魁欢欣之极，又送去了一些用具和食品，很快收到了第二个字条，只有一句话："东西收到，谢谢你。我心不安。"梅魁正准备送去一些夏天的衣服时，前次送书单来的人又来到她家，放下一个纸包便走。梅魁打开纸包一看，是她前次送给伯伯的收音机，还有一张字条："梅魁，粮票退给你，收音机也退给你。从此以后不要给我送东西了。"梅魁追上这人，连问了几声："同志，这是为什么呢?"回答只是摇摇头，连哼哼一声都没有。

梅魁还是照常往那个接待室送东西，每次都在东西里夹着字条："伯伯，我给你送来了……收到后给我一个回条吧！你有要我洗补的什么没有？我还能帮你做点什么呢?"但一直没有回音，也没有人来。最后，她去送东西，人家把她前回送去的也退给了她，上面盖了"查无此人，退还原处"的印戳。

不久，梅魁便听说了，伯伯在一些地方被揪斗、游街的消息。她想去看伯伯，但又不忍心在那种场合看到他。几次，她都走到中途又折了回来。从此，尽管她想了各种办法，一直得不到伯伯的任何消息。

过了很长一段时间，梅魁才想起给周总理写一封信：

周总理：我叫彭梅魁，是彭德怀的侄女。麻烦你老人家为我打听一下，我伯伯现在是死是活。过去通知我送东西，每次都有回条，后来什么音讯也没有了。当他还活着，周伯伯，你能否让我见他一面呢？我想，作儿女的心情，你老人家能体谅的。

信的最后，梅魁详细写明了她的工作地址。

隔了两三个月，梅魁所在工厂的一个负责人把她找去，问她："你是不是给总理写了什么？"梅魁只好如实承认了。负责人说：总理派人来了。他们说，总理很关心你们，也很关心你伯伯。他打听了，你伯伯现在身体还好，不久前病了，已经完全恢复。因为有关方面反映你伯伯态度不好，所以你现在还不能去看他。负责人还说：总理派来的人一定要见你，因为上午你们单位正搬家，电话没法找到你，他们只好把总理的话一句句地告诉了我。梅魁悔恨自己没能见到总理派来的人，心里难受极了，在负责人办公室呆坐了好久好久。但她到底得到了安慰：伯伯还活着哩！

后来，我们看到中央某专案组保存的一份材料上写着："一九七三年一月二十八日，彭梅魁写给周总理的信称：……"另一份材料中写着："经我们研究认为，彭德怀系反党头目，经党多年教育，至今仍不认罪。鉴于此情况，我们建议暂不准探视为宜。如给他送日用品似可继续……"落款是某专案组。

看来，总理也无力帮助梅魁看到他的伯父，只能派出他的办公室人员来看看梅魁。

梅魁又送了几回东西，那个接待室收下了，但还是没有伯伯的回条。

梅魁终于见到了伯伯

一九七三年四月下旬的一天，一个姓李的同志找到梅魁家，告诉她："你伯伯病了，明天下午三时你在家等着，我带你去看他。"梅魁好久都不敢相信，但第二天老李真的坐车接她来了。她心情紧张，也没注意车子怎么走，开到了哪儿，只觉得是进了一所医院。步入一间病房时，她骤然觉得两眼漆黑，好久才看清，原来向着阳台的仅有的两扇窗户和门上的玻璃全被蒙得严严实实的。屋角的一张床前，亮着一盏灯，照着床上那人手里举起的书本。她怯生生地走上前去，想看清他的面容，那人也抬头看了看她，突然那人丢掉书本，惊奇地问："你？……"梅魁叫了一声伯伯，把刚才老李的吩咐全忘了，伏在床前，号啕大哭。

彭总抚着侄女的头："呵，呵，是你呀，你怎么来了？"

梅魁没顾得回答他，搂着他仔细地看着，一边看一边哭："你哪里不舒服？"

伯伯告诉她，十几天前开始拉血，起初他不在意，后来，蹲在厕所里再起不来了。"是痔疮犯了，没有什么要紧。我很不愿意住院，他们说不住不行。好啦好啦，别哭，我们说点别的吧！"他一连串地问着这个那个。

梅魁忙不迭地回答一阵后，又急切地说："唉呀，你就等会再问人家吧。先说说你自己，这些年，你怎么过来的？"

"我怎么过来的，和你们一样，也是一年三百六十天。我把你买来的书都读了，还在上面写了一些我自己的话。看来，我只有这些书、这些话留给你们啦，你们拿去研究批评吧！也许你们没有兴趣，研究不出名堂，那就送给我的老朋友黄克诚吧！”接着他又问起她最近见过哪些过去的熟人，问起工厂的生产，问起市上的东西好不好卖，价钱是不是和以前一样，等等。梅魁插断他好几次，向他问长问短，他都似乎有意不谈自己。直到专案组的人来催她走，她才发觉到底还是他问的多，而她却没有了解到她急于想知道的，她懊丧地哭了。

他和她握手告别时说：“以后不要来了，也不要送东西了，以免妨碍工作。这些年，谢谢你们的关照，我心里很不安。”末了，他还是不忘要她向家里的人问好。

梅魁站在他床前久久不走，她心想，他不说只是痔疮犯了吗，大概会起来送送她吧？她很想他站起来走几步，看看他这些年是不是落下了什么残疾。而他却没有起来的意思，只频频挥着手说：“你走吧！”

“伯伯，我看看你的腿还在不在？”

他笑了：“我的腿能到哪去？我的骨头结实着哩！”他掀开被拍拍自己的腿，双臂还作了几下张合的动作。他大概看出了梅魁仍不放心，又说：“我起不来，我没有裤带！他们……”他看了看专案人员，“不给我裤带，手表也收走了，连一支铅笔放在我身上都不放心。你看这屋子，糊得好死，他们怕我。……我真不知道，他们为什么这样怕我！”他在床沿上擂着拳头，“我是不会寻死的，我相信我们这个党，不会总这个样的！你走吧，以后再不要来了！”

梅魁一步一回头走出了病房。

她当时并不知道，这次叫她来，是因为她的伯伯病情十分严重。她更不曾想到，几天前，这个医院一份诊断书上写着：“……确诊为直肠癌，已属晚期，鉴于彭德怀病情严重，建议准其亲属彭梅魁探亲。”这样，专案组方同意她来到这里。

我只怕，我的话再也找不到地方说了

梅魁探亲的地方，是解放军三〇一医院。为什么一个“囚犯”能得到这样的高级医院的单独病房？后来我们才知道，起初他也只是被送去一家普通医院治疗，后来，是一位部队领导送呈的一份报告书上面的一行批示，才使他到了这儿。批示上面明白地写着：立即送三〇一住院，及早手术，尽全力治疗。末尾是两个人的签名：周恩来、叶剑英。

“四人帮”及其爪牙大概是在无力阻挡这项批示的情况下，才想出了把这病房的门窗从上到下都糊上报纸，继续对他进行隔离的办法。彭德怀要求护士去掉，护士说：“要给警卫战士说。”彭总大怒，拍桌子说：我不是145（是病床号），是庐山那个彭德怀！住院了，你们还不放心！我不住这个月婆房！我回去住监狱！

过了几天，梅魁又得到通知，叫她再次去医院，动员她的伯父接受手术。

梅魁进了病房，向躺在床上的伯伯轻轻喊了一声，他没有应声。她以为他睡着了，便静静地坐在床前。不一会，他转过头来了，他脸比前番更为苍白憔悴，声音是嘶哑的：“梅魁，我得了这么一种病，唯一的治疗办法就是手术。”

“你怕吗？医生说，开了刀你的病就会好的。”

他惨淡地一笑：“我还怕什么啊。对我来说，再没有什么好怕的了；对于痛，对于死，我都无所谓!”他从床上挺身坐了起来，“我只怕，我的话再也找不到地方说了。我知道，上了手术台，我可能就下不来了！我给他们提了，今天让我见毛主席，明天我上手术台。上哪里都行，就是一死，也心甘情愿！”

“这，可能吗？”

“不可能，那就让我见见周总理，见见朱老总；可是他们不听这些，只说你要手术，要手术！”他突然跳到地下来了，激动地走来走去（这次他穿的病号服，有裤带了）。“我的问题不能解决，我要手术干什么，我要这条命干什么！梅魁呀，我就是这个‘机会主义’呀，我就是这个‘机会主义’到死呀！”他大声喊叫，引来了两个医院工作人员和领梅魁来的老李，可是他却旁若无人，依然仰头呼号着：“我们这个党呀，叫国民党特务搞烂了。我有话要和毛主席说。不把我的话说出来，我是不做什么手术的。我留着这条命，就是要尽到我这个共产党员的责任！”他激动得气喘吁吁的。

老李轻轻推着梅魁，意思是说：“你怎么不说话呀！”可是梅魁只有哭，什么也说不出来。

医院一个工作人员说，他是三〇一医院党委的。代表他们党委告诉彭总：做手术的决定，是根据周总理的指示，手术方案也是经总理亲自批准的。“希望你相信我们的诊断，你的病情需要及早手术。”

冲动、紧张、难受的彭总安静地坐下来了。他望着这个医务人员，似乎在判断，他的话可是当真。

三〇一党委的人又说：“总理、叶帅都很关心你。指示我们尽全力把你治好。我们也有这个信心，希望你能配合我们。”

于是，彭总很干脆地回答：“那就动手术吧，那就动手术吧！我只有一个请求：在我不行了的时候，麻烦你们告诉他们，来看看我就行了。”

等旁人走后，他又对梅魁说：“你说，刚才这人说的是真话吗？”

“我看是真的！”梅魁说了上次周总理派人到她工厂来看她的事。

彭总感慨地说：“周总理，我们共事三十多年了，他是了解我的。明天，你就给他写封信吧，告诉他，我快死了，是的，我明白，我快死了。死有什么，我现在死，七十五，已经是高寿了。他，朱老总，要知道我彭德怀快死了，一定会来看我一眼的。”

梅魁点头应允了。但他又摆摆头，否定了自己的想法：“算了算了，你不要写，不要写，不要叫他们为难。他们都有难处啊，不然，他们早来看我了！”

这次分手时，彭总又一次叮咛：“千万不要写！”

手术之后

手术是成功的。一位医生对梅魁说："你伯伯真是一个奇人，我们估计他可能受不了的时候，他连一声都没哼过。"

手术后的两个来月，他的体重恢复，饭量增加。彭总自己也说："看来我的手术效果不错，这一关又闯过来了。也好，搞清了我的问题再去见马克思，省得到了他那里再交代。"

病情好转了，他的心情也渐渐好了些。梅魁发现：伯伯依然是爱开玩笑的、幽默的，讽刺人的时候依然是很尖酸辛辣的。

有一次，专案人员在接梅魁来医院的路上，对她说："你伯伯又发脾气了，骂人了。我们对他讲林彪爆炸的事，他一直不信。前几天还说是我们有意骗他，要引他犯错误。还说：'林副主席永远是健康的！'他这样不好啊。你这回去，要做做这方面的工作，可以给他讲讲形势。"

梅魁说："不行不行，我水平低。形势，我自己还搞不清，会讲出错来。林彪的事你们拿文件给他看嘛，他怎能不信？"

梅魁话是这样说，但等专案人员不在场的时候，还是悄悄提醒他："你再不要喊'永远健康'了，林彪爆炸了，死了，这是真的！"

"他们给你讲了我不信？"等梅魁点头之后，他笑了，笑得咯咯的。"我什么时候喊过'永远健康'？砍我的脑壳我也不会喊。现在我偏要喊，气死他们！"他说着，把手掌贴在胸口，比划着喊了起来：“永远健康，永远健康……”然后纵情大笑起来。

专案人员就在门外，闻声便大步跨了进来，彭总收住笑，故意说给他听：“林彪爆炸了吗？怎么可能？这窗户还是糊得死死的，一丝阳光都不让我见到，这种缺德事，不是林彪，别人谁干得出来？什么时候我这屋里是黑的，我就不相信林彪死了。我就要说，林彪的魂还在！他永远是健康的！”

即使在彭总动过手术，一动不能动的时候，这间三〇一医院外科三楼上一条长廊最尽头的病房里，依然是门窗紧闭，门口守候着专案人员，廊外站着哨兵。彭总和梅魁多次提过，能不能只把窗户的下半部糊住，让上半部透点阳光和空气呢？专案人员每次都说要请示研究，但每次都没有下文。彭总怎能不火呢？

他的话算说对了。直到他死，他的房子都永远是黑夜；直到他死，林彪的魂都还附在“四人帮”身上，继续在作恶逞凶。

但，病情的好转，毕竟又在他的心头唤起了他对大地、对未来许多美好的向往！

夏天到了。梅魁穿一身换了季的衣裳进来，他说：“呵，外头都暖和了，穿单衣了？树叶都长满了吧？城里又是一片绿了吧？我，还在冬天里过哩！”

梅魁对他说，毛主席最近批了好些文件，说要解放犯错误的干部，工厂里好些过去被打倒的老同志又站出来工作了。

他听了很高兴，说：“梅魁，你说，有一天真要再让我出来工作，我干点什么好？”

梅魁说：“你什么也别干了，跟我们住在一起，我们养活你。闲不住，你就领着孙子们去逛逛公园吧！”

他说：“对对，我出院以后，他们总该给我说点什么了。那一天，我一定领着你、玉兰、康白、正祥，还有你们的孩子，先到公园里玩个够。你们小的时候，我工作忙，把你们交给学校就很少过问了，今后要补上这一课。不过，靠你们养老可不行，我还要工作几年。我想过啦，回我们家乡去，回太行山去也行，去种地。我要给党写个报告。要求交给我一个公社，或者一个生产队。我敢立下一个军令状，只要三年，搞不好我自己再把右倾的帽子戴起来。我早就想说这句话了：与其把我关起来，不如让我去劳动嘛。这样搞呀，真叫你有劲没法使啊！”

梅魁用眼色提醒他：外头站着人哩！他却更大声说：“这话，我到哪里都敢说！你说你那一套好，我觉得我的想法也不错，有什么呢？大家都试试嘛！给我一个公社，让我作三年主，先给我这点权力，先把我的右倾帽子放在一边。三年一到，我不行，把我的这点权力收了，把我的帽子戴上，那该叫人多么心服啊！”

遗　嘱

一九七四年初夏，彭总的病情突然起了变化。据医生告诉梅魁：七三年十一月开始发现了癌转移。

有一次，专案人员又来通知梅魁去医院，动员她伯伯接受输血。和前几次一样，她发现伯伯的身体在急剧地消瘦、虚弱下去，她的心就像被乱箭穿透着。但她忍住哭，一进门便说："你怎么啦，又不听医生的……"

他说："他们又向你告我的状啦。你来也是空的，人血，我不输，我的身上不能流着别人的血！"

梅魁急了，说："这有什么，必要时我们的血也可以输给别人嘛！"

"那就让准备给我输的血也输给别人吧！我不需要了，免得浪费。"

梅魁说不过他，觉得他的话的确无可非议。他的生命已无法挽救，梅魁是明白的。听了他的话，她倒是想起了他的一生：什么时候都是把自己的一切给予别人，却生怕别人为他浪费了一点什么。她说不出自己对他多么了解，多么崇敬；她只能抱住他，把头贴在他的胸口，放声大哭。

"梅魁呀，不要这样！对于这条命，我曾经有几十次都准备不要了。我能活到今天，已经很可以了。我能做的都做了，只是做得不好。我不欠别人什么，别人对我的误解我也不计较了。我仔细地想过了，我这一生是值得的，对革命对人民尽到了我的责任。虽然我个人的下场不怎么好，可是我不埋怨，更不后悔。因为，中国革命到底是成绩巨大的，国家得到了独立、统一，不再受人侵略欺侮了；社会主义建设也取得了胜利；人民生活虽然还不算富裕，总是比旧社会强多了……这中间，也有我们的一点点工作，想到这些，我就高兴。”

在这以前和以后，梅魁的弟妹们也多次来过医院探亲，伯伯对他们说了许多话。

他说：“我们这个党好啊，世界上再找不到我们这样好的党了！过去我们党一声喊，要多少人来多少人。我们干成的事都是别人听了也害怕的，不敢干的。

“我们这个党坏事就坏在林彪这个反革命分子。这个人，我过去没看透，以为他是真病。没想到他东山再起，大乱天下！还有国民党特务，在我们党里兴风作浪！你们要记住，我是被国民党特务害死的！

“毛主席是我的老师，教给了我革命的本领。一九六五年我去西南，他对我说了许多话，说庐山会议把我批评错了，真理可能在我一边。我相信他那些话是真心的。可惜后来林彪、国民党特务又把我们隔开了。

“我这一生有许多缺点，爱骂人，骂错了不少人，得罪了不少人。但我对革命对同志没有两手，我从没有搞过哪种阴谋。这方面，我可以挺起胸膛，大喊百声：我问心无愧！

“我不能再工作了。在这样的黑屋子里，我住一天嫌多，想到工作，我觉得再活七十年才好哩。你们年轻，要努力工作，要学一门本事，为人民添砖盖瓦；不要去追名求利，搞那些吹牛拍马、投机取巧的事。

“有时间的话，可能的话，你们给我去看看我的老朋友：黄克诚、王震、肖胡子……”

彭总在病中，尤其到他临危前夕，常常连声呼喊他战友的名字。他向他的侄儿侄女们，一次又一次地回味着他们的战斗情谊。

他说：“我的监房隔壁，住着黄克诚，他也病了，半夜咳嗽，在屋子里来回走。可惜，我不能见他一面（其实黄克诚并没有住在他隔壁，可能是由于他思念之深而产生的幻觉吧）!”“王震，他对我很好，可惜我总是对他不客气。他要我吃点好的我骂他，他拉我进掩体我也骂他。他好就好在不计较我的态度。他也不怕我，有时我骂他也骂，骂完就完。人家说，两头湖南骡子拴到一起就又踢又咬的，可不知这两头骡子拉车的时候，可合心合脚哩!”

每次，他讲完一个人，总要说：“不是现在这种情况，他也要和你们一样，守在我面前等给我送终啊!”

后来，还发现了一份“彭德怀临终前的谈话记录稿”，说明我们敬爱的叶剑英副主席曾派人去看望过弥留时刻的老战友。记录上写着：

“根据叶剑英副主席的指示，我们今天下午去解放军医院十四病室与彭德怀接触。

“彭德怀近来病情急剧恶化，左侧肢体瘫痪，左下肢浮肿，小便失禁，舌头发硬，说话不清。

“他断断续续说了以下的话：

“‘中国革命胜利了，毛主席发展了马列主义。’

“‘林彪歪曲马列主义，一贯右倾，是个反革命分子。他的罪行，是我们党内从没有过的。’

“‘周总理，我们共事三十年了。他是我们党内最能掌握和运用毛主席思想和策略的，我们的社会主义事业一定能胜利。’

“‘我自己犯有很多错误，但我不搞阴谋诡计。在这点上我是清

白的。’

“‘我们的国防建设、战略防御设施不完备，国防工业和科研跟不上需要，这是我最担心的。只要我们有计划，有准备，敌人的物质力量是可以战胜的。’

“‘已经审查我八年了，现在还没有作出结论……’”

弥留时刻

一九七四年十月以后，他开始处于经常性的昏迷状态，靠输液维系生命。梅魁姊妹再也听不到他说什么了。可是有一天，梅魁又听到了他在痛苦中微弱地呻吟，便握着他的手连声呼喊："伯伯，伯伯……"他睁开了眼。一个医生问他："你听见了吗？谁在叫你？"

正当梅魁发出无望的号哭声时，伯伯竟然发出了嘶哑的，然而清晰的声音："我听见了，是我的大侄女梅魁，我的亲人，我的女儿，我的同志在叫我。"

"伯伯，你觉得怎么样？"她见他在咂着焦枯的嘴唇，又问："伯伯，你渴吗？饿吗？你想吃点什么？"

他断续地说："我要吃……要吃，梅魁，我想吃白兰瓜……我们西北的白兰瓜，过去，我渴的时候，就想吃，想吃，白兰瓜，可好吃呀……"

梅魁欣喜地对医生喊起来："医生，医生，他说，他想吃白兰瓜！……"

医生摇摇头，告诉梅魁，他的时间不多了。

这以后，他又醒来过一次。一字一顿对梅魁吩咐："我死以后，把我的骨灰送到家乡，不要和人家说，不要打扰人家。你们把它埋了，上头种一棵苹果，让我最后报答家乡的土地，报答父老乡亲。"

此后，又是一连多少天，他人事不知。梅魁和弟妹们不能成天守在他床前，他们要上班。梅魁曾提出由专案人员陪她一同向本单位领导请假。专案人员说需要报告请示。梅魁单位的党委书记同情她，但说有关部门不来证明，我怎么准你假，这个政治责任太重。梅魁趁休假日再去时，一位护士告诉她，他又曾醒来一次，问起："有谁来过吗？"护士向他摇了摇头，他侧过头，在枕上留下了一摊泪。

临死，可能是常说的那种"回光返照"吧，他特别地清醒了，指着糊在窗户上的报纸，挥动他干柴似的手臂，喊叫："撕了，撕了！"专案人员没有理会他的这一最后的要求，他狂怒地喊叫起来："啊——！啊——！"他挣扎不起，因为他的全身都瘫痪了。他只得用他的牙齿咬着被角，用他仅能活动的右手撕扯着被面和棉絮，一直把它扯得粉碎，一直扯得他自己牙床流血，嘴唇撕裂，一直扯得他泪尽力枯！

啊！我们的彭老总啊！这个五十八年前洞庭湖区的挑堤工，那时他曾运足十八岁这个年纪上的正当旺盛的火气和力量，一拳将一个克扣堤工血汗钱的工头打得趴地不起。然后将自己仅有的一床破棉絮包上卵石，沉到湖底，当着他的穷朋友们跪下对天盟誓："我彭宗伢子找不到一个叫你们扬头见天日的地方，我就像我的破被一样沉到湖心，永不回来见你们！"从那时候起，将近六十年来，他没有一时一刻背弃自己的工人农民兄弟，背弃自己对天盟下的誓言，跟着党为工农劳苦大众夺来了一个阳光灿烂的新中国！虽然他自己在临终前没有被应允看到一丝阳光，他依然是爱憎分明的。护士对他说："你不要这样，不要怪我们，我们是普通群众……"他说："我谢谢你们！我撕的是国民党特务……"

一九七四年十一月二十九日十四时五十二分，这位曾经名扬中外的杰出的军事家和政治家，我们中国无产阶级将永远引为骄傲的忠诚战士终于停止了呼吸。其时，他的亲人们正好不在他身边；其后，只有梅魁在他的遗体旁恸哭过片刻，遗体便被紧急运走，秘密地火化了。

那一天，不仅在全中国，即令在他死去的医院，人们也毫不感觉到发生了什么事情。那一天，一家报纸登载的一篇批林批孔的文章上，还点了他的名字，说他和林彪是“一伙的”！

他的骨灰

彭总死后整整四年，或者说，在他和他的老警卫员景希珍分别的十二年以后，在四川成都附近一个县城人民武装部工作的景希珍，接到了中央军委办公厅一个电话，问他这些年的情况，家属怎么样，说军委首长很关心他，准备叫他到北京去参加一个会议。不久，老景遇到了他的老伙伴——彭总带到西南的另一个军人綦魁英，他也接到了同样的电话。两人一分析，高兴得跳了起来！

果然是，成都军区很快就通知他们去北京参加为彭总平反昭雪的追悼会。并且给他们交代了一个任务：从成都护送彭总的骨灰去北京！

"怎么？我们彭总的骨灰在成都！"

时间不容许成都军区的同志回答了，飞机已在机场等候。更何况，当时在四川的任何一个人也回答不出这个问题的来龙去脉。

成都军区一位首长和他们一起到了省委。省委一位老书记等他们进了会议室，便指着桌上用党旗覆盖的骨灰盒说："同志们，这便是彭总的骨灰。时间关系，我们来不及举行仪式了。让我们默哀三分钟，向他致敬吧！"

早已守候在会议室内外的省委机关同志，一齐除下帽子，有人发出了啜泣之声。

老景、老綦从老书记手里接过骨灰盒时，俯身将它看了好一阵。它土黑颜色，没有任何装饰，仅仅是用六块粗木板钉起来的。老綦见上面落了一层厚厚的尘垢，用袖子把它擦了又擦，但这尘垢已和涂抹在它表面的粗劣油漆胶合在一起了，怎么也擦不掉。老景又看到了贴在骨灰盒一侧的卡片，上写：姓名，王川；年龄，三十七；死亡原因，病故；籍贯，本市。

“这是我们彭总的骨灰吗？”他们一齐疑惑地望着老书记。

机场又一次来电话催促，老书记只给他们说了“不会错”三个字，汽车的喇叭声便一声接一声响起来。临上车，首长们才想到他们搭乘的是去北京的民航班机，端着这个骨灰盒是不行的。老綦于是急忙把自己的用具塞在老景的提包里，腾出自己的提包把这盒骨灰装上了。

省委的院子里站着越来越多的同志。每个人都脱帽伫立在寒风中，含着泪望着两个匆匆上车的军人。谁能不含悲带戚？十三年前，彭总就是带着这两个军人来到西南的，如今，还是他们“三人”一起离去了。

机场上等了大半天的乘客，对这两个姗姗来迟的军人投来的自然是十分不满的眼光。这时候，如能有一个人告诉乘客真相，那么他们也会一齐拿下自己的帽子的。不！乘客们准会怀疑，这怎么会是近半个世纪叱咤风云的一位老帅的骨灰呢？

直到现在，我们才了解了这个真相。

有关专案组的一份报告上写着：

“受审人员彭德怀，因患直肠癌，经治疗无效，于一九七四年十一月二十九日病死。

“彭德怀是里通外国、阴谋夺权的反党分子。我们意见，将其化名王川，尸体火化后，骨灰存放成都一般公墓。”

该专案办公室另一份记录上写着：“……中办秘书处电话告，王副主席在彭德怀死亡、骨灰处理情况报告上批示：‘照报告上所提办法办。’”这里提到的王副主席便是王洪文。

彭总的骨灰当时是被秘密地送来成都的。据接受保管任务的一位同志回忆：周恩来总理指示过，要精心保护管理，时常检查，不要换壳，也不要转移存放地点，以便今后查找时不致搞错。保管的人不知这是彭总的骨灰，只知道自己对它负有特别的责任。从这一点分析，对彭总骨灰的这种处理方法，虽然明显地包藏着“四人帮”的祸心，但也不能排除一些领导同志出于使它长期得以保存所怀的好意。

再说在飞机上轮流抱着这骨灰盒的老綦和老景，不时地你看看我，我看着你。泪水在他们眼里转游，热浪在他们心里翻滚。他们怎能不想起，十三年前，他们来西南的路上，兴致勃勃地和他们大讲天府之国的那位老人；在漫长的大三线战线上，在风尘仆仆的奔忙之中，向他们许下“只要三年，这儿就要大变样”的诺言的老人呢？

快到北京的时候，机务人员接到电报，通知他们不要下飞机，等乘客们下去之后，飞机将再次起飞，在西苑机场降落。

在西苑机场，螺旋桨的响声刚息，机舱门打开的时候，一阵凄厉的哭声便冲进机舱来了。梅魁和她的弟妹们（不过当时老綦、老景并没有认出是梅魁他们，因为，十三年前的姑娘和小伙，如今都已鬓边有白丝了）从他们手里接过骨灰盒时，一个个哭倒在地。扶梯下，许多白发苍颜的老将军，许多党政机关的首长和代表，都在掩面大哭。老綦和老景，就像两个迷失了很久又回到母亲身旁的孩子，在浦安修面前禁不住大声号啕起来。

一九七八年十二月二十四日，中共中央在人民大会堂举行彭德怀、陶铸追悼大会。在追悼会上，老綦和老景都感到了一种浸透身心的幸福。华国锋、叶剑英、邓小平、李先念、陈云都来到他们面前，和他们紧紧握手，对他们亲切抚慰。邓小平对彭总的悼词，说出了他们长久以来心里想说又都说不出来的一切。

他们随着长长的灵车队到达八宝山。走进骨灰陈列第一室时，他们迎头便看到：正中是朱总的巨幅照片和他的雕镌精巧的骨灰盒；紧挨着他的，是他的老战友彭德怀的照片和骨灰盒，形状大小几乎都一样。

人们离去后，两个老兵还肃立在那里。

“这下，两个老总都满意了！”

“他们，终于又到一起了！”

两个老兵泪痕未干，却又满面笑容了。